狗狗訓練全書

狗狗訓練全書

以循序漸進的成長課，增強
活力、迎接挑戰、加強互動

作者 **凱拉‧桑德斯與查爾茜**

攝影師 尼克‧薩林貝尼

Magic041

狗狗訓練全書
101 堂成長課，讓愛犬聰明聽話又貼心

作者｜凱拉‧桑德斯、查爾茜

攝影｜尼克‧薩林貝尼

翻譯｜張中良、聶茸

美術完稿｜許維玲

編輯｜彭尊聖

校對｜連玉瑩

企畫統籌｜李橘

總編輯｜莫少閒

出版者｜朱雀文化事業有限公司

地址｜台北市基隆路二段 13-1 號 3 樓

電話｜02-2345-3868

傳真｜02-2345-3828

劃撥帳號｜19234566 朱雀文化事業有限公司

E-mail｜redbook@ms26.hinet.net

網址｜http://redbook.com.tw

總經銷｜大和書報圖書服份有限公司 (02)8990-2588

ISBN｜978-986-94586-5-8

初版一刷｜2017.10

定價｜380 元

101 Dog Tricks
Texts by Kyra Sundance and Chalcy
Photography by Nick Saglimbeni
© 2007 by Quarry Books
First published in the United States of America by Quarry Books, an imprint of The Quarto Group.
Complex Chinese edition published by Red Publishing Co., Ltd in 2017 under the arrangement with Quarto
Group., through LEE's Literary Agency.
All photography: Nick Saglimbeni/www.slickforce.com, with the exception of the
following: Kyra Sundance, 10, 11, 12, 13, 20, 21, 34, 50, 84, 104, 106, 142,159, 178, and 208

國家圖書館出版品預行編目

狗狗訓練全書——101堂成長課，讓愛
犬聰明聽話又貼心
凱拉‧桑德斯、查爾茜 著--初版.--台
北市：朱雀文化，2017.10
面；公分--（Magic；041）
ISBN 978-986-94586-5-8

1.犬 2.寵物飼養
437.354

混合產品
源自負責任的
森林資源的紙張
FSC™ C016973

About 買書

●朱雀文化圖書在北中南各書店及誠品、金石堂、何嘉仁等連鎖書店，以及博客來、讀冊、PC HOME 等網路書店均有販售，
如欲購買本公司圖書，建議你直接詢問書店店員，或上網採購。如果書店已售完，請電洽本公司。

●●至朱雀文化網站購書（http://redbook.com.tw），可享 85 折起優惠。

●●●至郵局劃撥（戶名：朱雀文化事業有限公司，帳號 19234566），掛號寄書不加郵資，4 本以下無折扣，5～9 本 95 折，
10 本以上 9 折優惠。

牠是你的朋友、伴侶,和守護者,
牠是你的狗。你是牠的生命、愛戀和主人。
做為你人生最忠誠的夥伴,牠將一直追隨你,
直到生命最後一刻⋯⋯
牠的奉獻如此之重,以致讓你受之有愧。

目錄

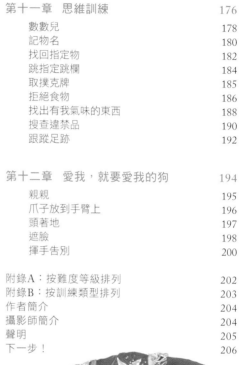

序

　　第一次邂逅凱拉與她的狗狗查爾茜時，我正在製作一期寵物選秀節目。我的職業生涯一直跟寵物難捨難分，最初是在《大衛·萊特曼深夜秀》這節目擔任寵物表演協調員，後來成了《寵物星球天才秀》這節目的寵物明星製作人。雖然我聽說過一些很聰明的動物，但當登記員跟我說「來了一隻會讀書的狗」時，我還是有點驚訝，覺得會讀書的狗肯定與眾不同。果不其然，凱拉與查爾茜贏得了表演，後來還拿下了冠軍。

　　凱拉與查爾茜有兩個特點讓我記憶猶新，那就是滿面的笑容與絕佳的默契。攝影機讓觀眾將目光聚焦到她們身上，完全忘了她們是兩個獨立的個體，因為凱拉與查爾茜的表演，從第一次排練到最終決賽，都是一起完成的，所以當凱拉打電話告訴我查爾茜正和她合著一本書時，我沒有絲毫的吃驚，只是想問問：誰負責打字呢？

　　《狗狗訓練全書》整本書講的都是團隊合作。凱拉與查爾茜採用了積極的訓練與激勵方法，把技能學習當作遊戲來訓練。書中的訓練都是專門為開發狗狗某一方面的技能而設計，從腦力到體力全部囊括其中，同時還能培養主人跟狗狗之間的信任與友誼。

　　凱拉與查爾茜對本書中的101個技能都親自實踐和表演過，因此，這些技巧都屬於第一手資料。從教狗狗數數兒到打籃球，你將從本書中找到自己想要的任何方面的指導。本書的講解清晰明瞭，內容翔實，同時配有插圖，易學易教。無論你是打算自娛自樂，還是想將歡笑送給朋友或電視機前的觀眾，這本書都是你的不二之選。

　　由於凱拉與查爾茜的完美配合，她們特別適合撰寫這類技能學習與培訓的書。她們從演出的百忙之中抽出閒暇，為大家分享她們的秘訣，這實在是每個技巧培訓師和愛好者的福祉。因此，好好閱讀本書，然後和你的狗狗在戶外盡情遊戲吧！正如凱拉與查爾茜常說的一句話：「與你的狗狗一起體驗更多樂趣吧！」

比爾·蘭沃爾西 [1]

①多年來，比爾·蘭沃爾西一直擔任《大衛·萊特曼深夜秀》節目的寵物表演協調員，他還是一位作家以及《寵物星球天才秀》節目的製作人。他海選過的寵物遍及全國，成千上萬。

作者的話

「看看，」我說道，「查爾茜繞杆時總是找不到入口。」

「你應該從一開始就用雙杆訓練。這樣一來，狗狗絕不會找不到入口。」一名國家級的狗狗敏捷度教練建議。

「是的，我承認，我們使用的方法不同。所以，我們現在只能到這個程度。該如何補救呢？」我問道。她搖搖頭。

「噢，現在太晚了。」教練說完就走了。

這位教練認為，既然我用的方法不對，把狗狗訓練得一團糟，就該立即停損，換隻敏捷點的狗從頭訓練。換句話說，如果能以更低的價格買到更新更閃亮的東西，又何必浪費時間去修理舊的東西呢？

當然，我沒有就此放棄查爾茜。我不敢去想：這麼多年，我在訓練中到底犯了多少錯誤。我用錯誤的方法，教了錯誤的東西，當然，得到的反饋也是錯的。我們在訓練上一團糟，但我們糾正過來了！我們回到起點，重新傳授技巧和學習規則。誠然，這樣做有點困難，但並不是做不到。我不希望自己的狗狗成為機器，而我也不是機器。我們嘗試，我們學習，我們失敗，我們成功。我們一起努力，給了彼此無數再來一次的機會。我的狗狗偶爾還是找不到繞杆入口，但我們隨時都可以再來一次。

不管是狗寶寶還是成年狗，不管狗狗是勤奮還是懶惰、是機智還是愚笨，牠是你的狗狗，牠的成功只需要你來評判。希望這本書不僅能教給你訓練狗狗的技巧，還能讓你和狗狗一起體驗更多的樂趣。

凱拉與查爾茜

簡　介

你的狗狗Rover會知道你收拾行李是要準備去旅行；聽到你說「洗澡」時，Fido會從床下啣出浴巾；當你心情不佳把Spot抱在膝頭時，Spot會感受到你的心情；坐到沙發上，正思考要不要出去走走時，Buster會輕推你的手臂。人與狗之間諸如此類的溝通讓我們明白：生活中，有的狗狗扮演著家人一般的角色。這種關係，如同生活中其他良好的關係一樣，需要培養才能保有活力。

技能訓練，正是在這樣的關係上，確立溝通方法、建立相互信任和尊重的方式。與狗狗一起為了目標而努力，並分享成功的喜悅，是一種與狗狗建立良好關係的好方法。重複的訓練與持續的努力，將使你跟狗狗的溝通更加深入。

你跟外國人交流過嗎？你可能會藉助手勢、圖片、聲音模仿以及其他令旁觀者捧腹的手段，但當對方終於明白了你的意思時……「啊，你說的是山羊乳酪披薩！」交流的雙方對此都會有一種成就感，親密的關係也就此形成。跟狗狗一起訓練會給你和狗狗帶來同樣的感受。

技能訓練絕不僅僅是為了讓狗狗掌握一些逗人開心的把戲。更重要的是，牠能讓你更好地了解狗狗的思維方式，也讓狗狗能更好地理解你的口令。在這一過程中所培養起來的信任與合作精神將持續一生。

本書使用方法

你可以從任何一種技能開始學習！不同技能的難度不同，準備條件也有差異。你可以在一節課上訓練幾種技能，也可以在每節課上訓練一系列動作或技能。不要停止訓練狗狗已經掌握的動作，溫故而知新才能強化技能。

任何類型的狗狗都能學這些技能嗎？

當然！而且你會發現，狗狗懂得越多，掌握新技能的速度越快。從某種意義上來說，是你教給了狗狗如何學習的能力。

暗示、行動、獎勵

技能的訓練由三個部分組成：給狗狗暗示的口令或手勢、狗狗的反應與行動，以及完成動作後的獎勵。在狗狗做出反應前，不要用獎勵引導牠，也不要期望狗狗在沒有收到任何暗示前做出反應。

訓狗人的職責

在持續激勵的環境下，引導狗狗完成動作。

引導

引導狗狗完成新的動作，並在這一過程中分階段獎勵狗狗。每節訓練課的目的是讓狗狗的表現比上節課更好。

指令一致性

你期待狗狗做出的動作要明確，學習的動作一定不要空洞乏味。堅持用相同的聲音、語調和清晰的發音，給狗狗發出口令。

激勵

想想體育教練是怎麼做的。他們的工作僅僅是安排好訓練表，然後貼到更衣室門上嗎？當然不是！他們會激勵、激發和鼓勵運動員！運動員氣餒時教練會保持樂觀，並拍拍他的肩膀說「做得不錯」。對於狗狗來說，你也發揮了同樣的作用。你在狗狗身上投入的每一分熱情都會加快牠的學習進度。當你的狗狗做出正確的反應時，請你用高昂的「歡笑聲」（是的，你有這樣的聲音）來表達你的喜悅之情！

時機

想像自己正被積極或消極的反饋引導著在找一樣東西。如果反饋延後，那麼你在靠近目標物時得到的就是消極的反饋。這樣不僅不能發現目標物，你還會因為前後不一致的反饋而感到挫敗。而如果能在正確的時機給出正確的反饋，這個任務就會變得簡單多了！

訓練時，一定要招準狗狗完成正確動作的時間（用言語、狗食或響片），並在10秒內給予獎勵，否則狗狗會認為你是在獎勵別的動作。

我們常犯的錯誤是獎勵得太遲。例如，你讓狗狗坐下時，狗狗坐下了。然後，你

從兜裡掏出食物，牠站起來接受。我想問，你是獎勵狗狗什麼？你是獎勵牠站起來了！食物應該在狗狗完成正確的動作——「坐下」後馬上獎勵。記住，獎勵一定要及時。

激勵／獎勵

「我的狗狗學習技能就是為了取悦我，並沒有其他要求，這不行嗎？」當然，狗狗一般都想取悦自己的主人，但要知道，技能的學習並非易事。難道你讓自己的孩子整晚做作業只是為了自己高興？可能你會這樣，但是，一定要給點獎勵，比如，看半小時電視或者賞點可口的點心！這會讓學習更有趣。

激勵或者獎勵的形式各式各樣：美食、喜歡的玩具、響片或是表揚。在本書中，訓練主要以食物做為獎勵。食物是所有狗狗的最愛，不僅餵食方便，而且能讓狗狗馬上嚐到甜頭，這是一種對狗狗做出正確行為的有效反饋方式。訓練新技能時，選人吃的食物激勵牠，如熱狗、乳酪、披薩餅皮、麵條、肉丸，或者其他讓狗狗垂涎的美食。這樣，狗狗的積極性才能保持。在訓練的初始階段，玩具會讓狗狗分心，原因是找回玩具後狗狗需要一段時間才能專注下來。表揚是不錯的方式，但存在隨意、不明確等缺點，比如，「不錯，不，等等，你動了」。相比之下，用小巧可口的食物獎勵完成動作的狗狗，效果更好。

新入行的訓狗師總是吝嗇獎勵。他們總是用表揚或一般的狗糧獎勵狗狗。然而，技能訓練取決於狗狗的積極性。因此，如果你想讓訓練成為狗狗每天的必修課，那麼，行動起來吧，給牠最好的美食！

有經驗的響片訓練師，會用響片來表示狗狗正確完成了動作，然後給予獎勵。

我走到哪裡都要帶著食物嗎？

與其總是擔心袋裡的食物不夠，不如平時多加訓練，養成狗狗對口令的自動反應。舉個例子，訓練狗狗坐下時，無論你採取什麼樣的訓練方法，你說了500次「坐下」的口令，最終，狗狗學會了。那我相信，狗狗以後聽到這樣的口令後，會很自然地坐下。

在最初的500次訓練過程中，狗狗坐下是為了你手裡的獎勵。但這之後，一旦聽到「坐下」的指令，肌肉記憶會讓狗狗馬上條件反射地坐下。這時，你可以逐步讓狗狗戒掉索要食物的念頭。當然，不要完全取消，要不定時獎勵。

提高要求

食物是對狗狗的努力給予的獎勵。幼兒園的孩子只要能用印章印出自己的名字就能得到一顆星。但同樣的獎勵，一年級的孩子工整地寫出即可，二年級的孩子則要能用手寫體工整寫出。過去給狗狗的獎勵，現在要讓牠付出更多努力才能得到。我們把這稱為「提高要求」。第一次學握手時，狗狗只要舉起爪子或者拍到你的手就給獎勵。一旦牠掌握了這一步後，就要直到牠把爪子舉得更高，或者堅持的時間更長，才給獎勵。在每個環節，只要狗狗能有75%的成功率，就要提高要求，讓牠掌握更高的技能，以獲得獎勵。

大獎

我們都無法抗拒大獎的誘惑。一旦中了獎，會徹夜守在吃角子老虎機前，希望能得到神秘的獎勵。對於訓練來說，比起持續不變的獎勵，這個方法是更有效的激勵手段。使用方法如下：讓狗狗去完成一個正在學習的動作。完成得不盡人意時，不要給獎勵或者少給點獎勵；完成得非常好或者比過去好，要給狗狗大獎：一大把狗食！哇！這肯定會讓狗狗留下深刻印象。狗狗為了再次得到這樣的獎勵，肯定會更努力地訓練。

同理，多樣化的食物能保持狗狗的積極性，因為牠會想：「這次會不會是熱狗？」

幫助狗狗完成動作

保持狗狗積極性的關鍵是不斷讓牠面臨挑戰，並經常取得成功。別讓狗狗連續失敗兩三次，否則，狗狗會感到沮喪，甚至罷學。一旦有這種情況，先暫停，轉而去學習一些簡單動作。

多花點時間

訓練新的技能時，狗狗可能會經常不得要領，不知道如何完成你想讓牠做的動作。這時，

狗狗會扭動身體，擺動爪子或纏著你，從你手裡要食物。你會覺得牠可能永遠聽不懂指令。不要著急。每天堅持練習同一動作，直到狗狗有一天突然開竅。這時，你跟狗狗就真的達成默契了。

人們為何會失敗？

失敗的情況往往是這樣：你按照書中所教，讓狗狗轉圈並拿著食物引誘牠轉圈。狗狗開始變得侷促，咬你的手。你拉高嗓門，以更堅定的語氣說：「轉圈！」狗狗自顧自地撓癢，無視你的存在。你揪住牠的頸圈，大聲喊道：「轉圈！」同時用手拉著牠轉圈。狗狗開始害怕，蜷縮成一團，而你還一直不停地抱怨自己的狗愚蠢。

缺乏耐心是人們訓狗失敗的唯一也是最常見的原因。要知道，即便是不擅長把握時機、不懂協調且缺乏常識的培訓師，都比缺乏耐心的培訓師更能成功地教會狗狗。

成功的場景往往是這樣的：正如本書所教的那樣，你手裡拿著食物引誘狗狗轉圈。狗狗開始變得侷促，咬你的手。你再次嘗試，誘導狗狗轉圈。狗狗只是自顧自撓癢，置你於不顧。你再次嘗試，這次，牠轉了，雖然有點找不到平衡。你跟狗說：「耶，真棒！」你一次又一次地嘗試，可能數百次，甚至整整一天。終於，狗狗做到了。你幸運地擁有了世界上最聰明的狗！

狗狗進步得很慢，容易讓人灰心。但缺少耐心，就更無法保持平和的心態，以及訓練方法的一致性了。

每一次訓練都完美結束

讓狗狗學習新動作也是一種心理訓練。要讓訓練有趣，要在狗狗意猶未盡時結束，也要在狗狗成功完成一個動作後結束，哪怕是前面學過的簡單動作。

循循善誘VS強行操控

想要狗狗做出正確動作，很清楚地有兩種方法：用食物或玩具引導狗狗，或者直接用外力操縱狗狗。無疑後者更快更準確，但實際上，這將延遲狗狗的學習過程，變相地鼓勵牠放棄主動性，只是被動等待。狗將不會自己動腦筋，也不會試著自己移動身體來掌握運動技能。因此，盡可能，都選擇誘導的方法，讓狗狗自主學習。

用「哎呀」代替說「No」

技能訓練跟服從訓練相反。技能訓練允許狗狗犯錯，並鼓勵牠自主行動。你要在訓練課上保持熱情，否則狗狗會因為害怕犯錯而止步不前。狗狗淘氣時，不要跟牠說「No」。即便狗狗做得不對，那也可能不是故意而為的。不要說「No」，嘗試說一句更暖心的「哎呀」！

先表揚，再觸摸，最後犒賞

如上所述，在正確的時機給狗狗獎勵非常關鍵。教授新的技能時，食物通常被當作誘餌，並及時用來獎勵狗狗正確的行為。對一般的服從訓練，或分段訓練結束要獎勵狗狗時，獎勵的次序如下：口頭表揚，拍拍狗的頭，最後才是食物。這不僅能讓狗狗保持冷靜，還能培養狗狗的聯想能力——狗狗能把口頭表揚與你的觸摸關聯起來，再把你的觸摸與食物聯繫起來。

解除口令「OK」

狗狗需要了解，什麼時候要受你控制，什麼時候可以自由行動。比如，狗狗被命令趴下或待著不動時，要一直保持這一姿勢，直到你說出解除的指令。「OK」是最常用的解除口令。一節訓練課結束時，說出「OK」的口令，讓狗狗自由活動。「OK」也可以做為狗狗跳出車輛、撲向玩具或跟其他狗狗玩耍的口令。

使用手勢的目的何在？

狗狗可以根據口令或手勢進行表演。在安靜的表演廳裡表演時，手勢尤其奏效，同時能給你更多轉圜的餘地。孩子問狗狗問題時，你微妙的「應聲回答」手勢，能引導狗狗做出回應。大部分狗狗更樂意對手勢而不是口令做出反應。不妨和你的狗狗試試：一個動作用口令，另一個用手勢。通常，狗狗都比較願意根據你的手勢來表演。

可以自己設計訓練口令與手勢嗎？

有些訓練需要標準化的口令與手勢，比如，基本的服從指令與敏捷度指令。它們被廣泛使用，並且有充足的理由演變至今。使用標準化的口令與手勢大有裨益，尤其是當你的狗狗具備表演明星的潛質時。手勢也許看起來比較隨意，但通常是從初期的訓練動作演變而來的。比如，抬高手讓狗狗坐下的手勢，就是從最初拿著誘餌向上引誘狗狗坐下的動作演變而來。向下手勢表示下蹲，對應於最初引誘狗狗趴到地上的動作。腳趾觸地的指令——鞠躬，來自於狗狗對地板的興趣，哄狗狗把頭放到地上。向右轉動手腕是叫狗狗轉圈的手勢的簡化版本。

當然，技巧訓練並不是一件生死攸關的事情，完全可以自己設計口令與手勢。提醒一句：訓練的技能越多，口令會越快用完。「向左」和「向右」之類的指令很容易在一開始就被使用，但有時候得留著用於其他技巧的訓練。

可以自己設計技能訓練嗎？

一些最好的技巧往往是偶然發生的！在學習裝死的技巧時，假如狗狗裝死的時間很長，又有痛苦的表情，那你可以發揮創意，順勢進行別種訓練。在服從訓練課上，你的任務是把正確的動作教給狗狗，而狗狗的任務就是完全根據你的指令做出準確的反應。而在技能訓練課上，你跟狗狗是個團隊，因此，訓練過程應該是一個協作過程。

指令鏈

這是訓練中真正有趣的部分。在學完單個動作後，你可以把不同的動作連接起來，並加以命名。比如，為了讓狗狗把自己捲進毛毯的技巧給人留下深刻印象，我們創造出「晚安」這一指令，來囊括一連串動作：過來、趴下、拿住、翻滾、頭朝下。指令鏈的使用方法各式各樣，甚至是個不錯的腦力訓練方法。即便是簡單的「瞄準、坐下」指令鏈，也能讓狗狗動腦筋，連續完成兩個動作。

訓練狗狗要多長時間？

把孩子培養成材要多長時間？運動員掌握技能要多長時間？練多久鋼琴才能成為音樂家？顯而易見，訓狗是一項持續一生的事業。雖然狗狗通常在聽到口令後能做出反應，但是，要想保持並提高狗狗的技能，反覆的訓練以及改進，必不可少。讓狗狗經常挑戰新的技能，然後你會發現，你跟狗狗之間配合的默契度將成倍提高。

現實的預期

看到本書的目錄後，你的腦海裡可能會浮現出美好的畫面：自己坐在沙發上，狗狗從冰箱為你拿咖啡、幫你做家務，整理散落一地的玩具等等。你要是真這麼想的話，那我在這裡就要給你潑盆冷水了。你一定要明白，沒有你的指令，狗狗永遠不可能獨立完成任何複雜的任務。當然，沒有獎勵也不行。要想完成這樣的任務，不僅需要你跟狗狗有密切的眼神溝通，而且還需要多重口令與手勢的配合。記住，這些模仿人的日常簡單動作，對狗來說都極有挑戰性。

讓我們開始訓練吧！

你正在成為下一位偉大的訓狗師。帶上你的誘餌、狗狗最愛的玩具，以及這本書。讓我們開始吧！

■ 開始訓練前的10個小提醒：

1· 使用可口的食物
2· 狗狗在保持正確的姿勢時給予獎勵
3· 及時獎勵（不要再花時間去從口袋掏出食物）
4· 飯前訓練
5· 玩耍前訓練
6· 狗狗意猶未盡時結束訓練
7· 保持一致
8· 激勵——用你最快樂的聲音
9· 耐心——訓練不會一蹴而就
10· 快樂與狗相伴

第一章 基礎訓練

　　訓練狗狗時，「服從」一詞經常被誤讀為對狗狗行動的強制性支配。但我們可以換個角度看，將「服從」視為一種基礎訓練，視為狗狗與主人和睦共處的基石。狗狗能聽從口令**坐下**、**趴下**、**過來**和**保持某一動作不動**，是狗狗有教養、乖巧的標誌之一。本書介紹的絕大部分訓練，都離不開這些基本動作，而且，多花點時間學習一下基本動作，能讓未來的訓練之路更加順利。

　　「我的狗狗已經知道基本動作的口令了，為什麼我們還要不斷地叫牠練習聽口令呢？」

　　請想一想這情況：音樂會開始前，鋼琴師都要透過指法練習來熱身；奧運體操運動員通常會在賽前來幾個空翻；老師則需要定期回顧課程計畫；NBA球員也需要經常練習罰球。

　　相較於僅僅讓狗狗按口令行事，「服從訓練」有著更重要的目的。這是一項心智訓練，也是一項舒適的常規訓練，能讓你與狗狗之間建立默契。用這些熟悉的動作進行熱身，能給予狗狗學習新動作的信心。

坐下

訓練內容：

狗狗用後腿端正地坐下，直到指令解除。

1 站在或單膝跪在狗狗面前，手握食物，舉到牠頭上方高一點的地方。

2 慢慢拿著食物往狗狗頭部後上方移動，讓狗狗鼻子朝上，臀部下沉。如果狗狗的臀部沒有向下沉，則繼續朝狗狗尾巴方向移動食物。一旦狗狗的屁股觸地，就馬上餵給狗狗食物，同時說「做得好」，用以強化該動作。

口令
坐下
手勢

3 如果狗狗對食物誘惑不感興趣，就用中指和拇指按壓狗狗臀部的任意一側（髖骨上方）。同時，拉著牽引帶讓狗狗上身後仰，坐到地上。狗狗一坐下就馬上表揚並獎勵。

4 一旦狗狗能保持坐姿，要等幾秒鐘再給予獎勵。記住，要等狗狗保持正確的坐姿時才給予獎勵。

預期效果：

6週大的小狗即可開始學習這一指令，並且，這通常是狗狗學習的第一個技能。一週內，狗狗就能小有所成。

• 疑難解答

我的狗狗總是跳起來搆我手裡的食物

可以把食物放低一些，讓狗狗站著就能搆到。

我的狗狗坐下後總會頻繁地站起來

用溫和而堅定的態度，讓狗狗回到坐姿。一旦學會坐下，狗狗就應該保持這個姿勢，除非你給出解除命令。

• 小提醒！

在每次開飯前命令狗狗坐下。這能加強主人的領導地位，並培養很好的禮儀。

1 手裡拿著食物，舉到狗狗頭部上方。

2 朝尾巴方向一直向後移動。

3 一邊向上拉牽引帶，一邊按壓狗狗的臀部。

趴下

訓練內容：

狗狗胸腹朝下同時屁股貼地趴在地上。這一重要指令有助於防止危險情況的發生，比如穿過危險的道路交叉口時。

1. 讓狗狗在你面前坐下，拿著食物湊到牠的鼻子前面，慢慢地把食物放低到地面。

2. 運氣好的話，狗狗會嗅著食物慢慢趴下。這時，給狗狗獎勵並表揚。記得一定要在狗狗趴下，動作做到位以後再獎勵。如果狗狗只是彎曲了身體，就從牠兩隻前爪之間，緩慢地移動食物，拉離狗狗。這可能需要點時間，但狗狗最終能趴到地上的。

口令
趴下
手勢

3. 狗狗對食物誘惑不感興趣時，輕輕按壓牠的肩部，向下壓，讓牠的一側貼地。當狗狗趴下後，就表揚牠。當然，不要碰觸狗狗的身體，誘導狗狗聽口令完成動作是最好的。

4. 狗狗能保持趴下的姿勢時，逐步延遲獎勵。狗狗趴下時，要先說「等等，等等」，然後說「真棒」並獎勵。獎勵時間的延遲，能讓狗狗的注意力保持集中。在你給出解除口令「OK」前，狗狗應該一直趴在原地。

預期效果：

牧羊犬、性格安靜或大型的狗，比長腿、厚胸以及亢奮的狗，更容易學會趴下的指令。成年狗以及任何年齡的小狗都能學習該動作。

• 疑難解答

我的狗狗抗拒這個動作

狗狗把趴下視為對你的屈從。所以如果牠拒絕這個動作，那麼你需要評估你做為主人的領導地位了。

我的狗狗不能保持趴著的姿勢

如果狗狗站起來，則不要給牠獎勵並讓牠繼續趴下。狗狗想站起來的話，就踩在牠的牽引帶上，讓牠重新趴好。

我的狗狗在這個房間會趴下，換個房間就不管用了

注意地面。短毛狗不願意趴到堅硬的地面上。可以鋪條地毯或毛巾試試看。

• 提升訓練！

學會趴下的動作後，「匍匐前進」（→P.142）的動作就很容易學會了。

• 小提醒！

狗狗跳到你身上或沙發上時，要用「下來」的口令，而非「趴下」。

1　把食物舉到狗狗鼻子前。

2　放低食物到地面。

前後來回移動食物。

狗狗一趴下就獎勵。

3　往一側向下按壓狗狗。

不動

訓練內容：

讓你的狗狗保持現在的姿勢直到指令解除。

口令
不動
手勢

1. 做這個訓練時，可以先讓狗狗坐下或趴下，因為狗狗處於這兩個動作狀態時，比較不會亂動。拉著牽引帶控制狗狗。站在狗狗的正前方，舉起手掌放到牠的鼻子前，認真地對牠說「不動」。

2. 退後一些，與狗狗保持眼神接觸，然後再走上前。如果狗狗待在原地未動，就對牠說「做得好」並拿出食物獎勵牠。切記，一定要在狗狗保持原姿勢不動時才給食物。

3. 如果在你給出解除命令前，狗狗移動了，要溫柔且堅決地把狗狗送回牠原來待著不動的位置。

4. 逐步延長讓狗狗待著不動的時間，逐漸拉長你跟狗狗之間的距離。如果你想讓狗狗表現得好，那麼一旦牠動了，就要讓牠回到原來牠能夠保持不動的時間和距離，重複練習。

- **疑難解答**

我的狗狗總是站起來

訓練本技巧時，語言交流盡可能少。說話會激發行動，而你想要的是讓牠不動。堅定而明確的肢體語言能傳遞你的嚴肅。

我的狗狗似乎在命令解除前一刻就開始動了

獎勵前不要讓狗狗看到食物，因為食物會引誘牠向前。變化你的訓練模式：可以走近狗狗但不給牠食物就離開，訓練牠的耐力。

預期效果：

你的語調與肢體語言，是傳遞信息的重要組成部分。一定要嚴格訓練並堅持下去，過不了幾次，狗狗就能開始理解這個指令了。

- **小提醒！**

「不動」的意思是一點都不能動，直到指令解除；而「等等」較隨意一些，指的是待在某個位置一段時間，不離開原位即可。

1 命令狗狗待著不動。

2 後退一段距離。

3 狗狗如果動了就讓牠回到原來的位置。

過來

訓練內容：

聽到「過來」的指令時，狗狗能應聲而至。在比賽中，直到狗狗跑過來坐到你面前，該指令才算完成。想要讓狗狗一直服從這一指令，你做為主人的領導身分一定要確立。狗狗完成指令後，一定要給予口頭表揚或者食物獎勵。然而，如果狗狗不執行你的命令，就會被視作重大違規，需要你親自把狗狗送回原來的位置。

口令
過來

手勢

1 用6呎（1.8公尺）長的牽引帶繫著狗，給出「過來」的指令，然後迅速捲起牽引帶，讓狗狗走到你面前，並獎勵牠。發出指令的語氣要愉快而堅定。指令只給一次。

2 狗狗進步後，換更長的牽引帶。

3 當你覺得可以拿掉牽引帶練習時，要選擇封閉的區域。這時如果狗狗沒有聽從你發出的第一個指令，就走到牠跟前，將牠帶到你發出指令的地方。第一次給出指令時，如果不是狗狗自行完成動作，就不要獎勵牠。再次換上長的牽引帶，等到牠成功完成5次動作後，再去掉牽引帶練習。

預期效果：

狗狗能很快掌握該動作指令，但仍需要時常持續地練習並鞏固。

● 疑難解答

去掉牽引帶後，我的狗狗就跑了！

別去追狗狗，否則只會讓牠跑得更快。站在原地，命令牠過來。狗狗都會聽從主人命令的。

我每次使用這一指令都需要有效地執行嗎？

是的，如果你不準備有效地執行這個指令，就不要發出這個命令。不準備有效執行時，你可以叫狗狗的名字，或者説「過來，小伙子」！

● 小提醒！

只在要讓狗狗做牠喜歡的事情時，才發出「過來」這指令。去洗澡或看獸醫時，不要發出「過來」這指令，直接帶著牠去就行了。

1 收回牽引帶，讓狗狗走到你面前來。

2 換更長的牽引帶練習。

3 在封閉區域內拿掉牽引帶練習。

第二章

最受歡迎的傳統技能

從穴居人與狼分享骨頭開始，取物、握手、應聲回答與裝死等，這些或有用或無用卻一直魅力不減的技能，就一直存在著。即便沒有名貴的血統，但一隻狗如果能在聽到「bang」的指令後馬上倒地裝死，或者能夠禮貌地與客人握手，這足以讓你的狗狗從你朋友的寵物中脫穎而出！誠然，我們都期待狗狗有如此的本領，但真要想把狗狗打造成訓練有素的靈犬，那你就得把這當成一項任務，甚至是責任。

本章內容簡單易學、通俗易懂，因而歷久不衰，廣受歡迎。這些訓練利用狗狗天生具有的行為行止，將其中一些行為行止與口令相連接。比如說，你家狗狗會發出叫聲嗎？給出一個指令，誘導其發出叫聲，然後給予獎勵。這再簡單不過了。透過訓練，未成年的獵犬就能掌握如何「取物」，而活潑的狗狗在主人鼓勵下還會興奮地跟人握手。現在，讓我們馬上開始學習這些倍受歡迎的傳統技能吧！

握手——左爪與右爪

訓練內容：

掌握這項技能後，狗狗能禮貌地把爪子伸到胸前，允許客人跟牠握手。左右兩隻爪子都要訓練。

口令
握手（左爪） 伸爪（右爪）
手勢

1. 首先，讓狗狗在你面前坐下，右手拿著誘餌，放到接近地面的高度。一邊對狗狗説「握手」，一邊鼓勵牠伸爪搆你的手。一旦狗狗的左爪離開地面，就拿出食物獎勵牠。

2. 慢慢抬高手的位置，引導狗狗把爪子伸到齊胸高度。

3. 轉換到使用手勢。站起來，左手拿著誘餌，放在背後，伸出右手做出「握手」的指令。狗狗左爪抓到你手時，握住牠的爪停留在半空中，同時拿出誘餌獎勵牠。

4. 用同樣的步驟訓練狗狗的右爪，使用「伸爪」的口令及左手手勢。

預期效果：

任何一隻狗狗都能學會這一技能。這一直都是一個討人喜歡的姿勢。每天重複幾次，在狗狗表現最好時終止訓練。左爪和右爪分別訓練熟練後，還可以把這兩個動作連貫起來，在「握手」和「伸爪」之間快速轉換。

• 疑難解答

我的狗狗沒有抓我的手，而是用鼻子嗅

輕敲狗狗的鼻子阻止牠。狗狗可能會吠叫、用鼻子蹭你，或者乾脆一動也不動。保持耐心，並且不停鼓勵牠。如果狗狗不能自行舉起爪子，輕輕拍打或者幫牠抬起來，然後給予獎勵。

• 提升訓練！

當你掌握了「握手」與「伸爪」後，可以學習類似的動作「合作直踢腿」（→P.174）和「揮手告別」（→P. 200）。

• 小提醒！

一旦狗狗做出了你想要的動作，立即説「真棒」來肯定牠的表現。

訓練步驟：

1　右手藏著獎勵，放到接近地面的高度。　　　　2　隨著狗狗的進步，逐步抬高你的手。

3　站起來，誘導狗狗。　　　　　　　　　　　給獎勵時握住牠的爪子。

取物／叼物

訓練內容：

教狗「取物」時，指引狗狗取回一個指定的東西。「叼物」是指命令狗狗叼住搆得到的東西。

取物：

口令
取來（取回）
叼住
（叼起搆得到的東西）

1. 用一支美工刀在網球上割開道口子（2.5公分），讓狗狗看到你把食物放進去。

2. 調皮地把球扔出去，發出口令興奮地拍自己的腿，或者從狗狗身邊跑過，以此激發狗狗把球取回來。

3. 狗狗把球取回來時，捏住球讓食物掉出來。由於狗狗自己取不出食物，牠就會學著把球叼回來給你，以得到獎勵。

叼物：

1. 選一個狗狗喜歡的玩具，然後高興地給牠，同時發出口令。

2. 讓狗狗叼著玩具幾秒鐘後，把玩具拿出來，用食物跟狗狗交換。狗狗進步後，在獎勵之前，延長狗狗叼玩具的時間。只能在從狗狗嘴裡拿走玩具以後，再給獎勵。狗狗自己丟掉玩具時，不要獎勵。

3. 動作創新！在狗狗圍著場地跑時，可以讓牠叼著一個旗杆或者啣著一個寫著「餵我」的可愛紙板。叼著菸斗的狗狗總會讓你忍俊不止，而叼著一籃子雞尾酒餐巾紙的時髦狗，肯定會給人留下深刻的印象！

預期效果：

許多狗狗都是天生的獵犬，幾天內就能學會。

• 疑難解答

我的狗狗對追球毫無興趣

主人自己追球，同時表現得很興奮，以此來激發狗狗。用球棒擊球，或者把球投到牆上反彈回來。把追球當成比賽，和狗狗比賽誰更快。

我的狗狗叼著球跑了

當狗狗將球叼走，跑到遠處的時候，千萬不要去追牠。用獎勵做誘餌引誘狗狗，或者從牠身邊跑過，鼓勵牠追你。還可以再拿一顆球來吸引牠的注意力。

• 提升訓練！

狗狗掌握了「取物」的動作後，可以以此為基礎再練習「取物」：取拖鞋（→P.34）、取報紙（→P.38）、找回指定物（→P.182）。以此為基礎再練習「叼物」：拿包（→P.42）。

• 小提醒！

網球叼得過多會導致牙齒磨損。狗狗如果愛嚼東西的話，可以換硬一些的橡膠玩具。

取物：

1 在網球上割開道口子，
把食物放進去。

2 調皮地把球扔到遠處。

3 等狗狗叼回球以後，捏開球，
把裡面的食物拿出來。

叼物：

1 讓狗狗叼住一個牠最愛的玩具。

2 用食物跟牠交換。

3 讓狗狗叼著其他物品。

放下／給我

訓練內容：

聽到「放下」的指令後，狗狗會鬆開嘴裡的東西，把它放到地上；而「給我」的指令是讓狗狗把東西放到你手上。

口令
放下 （放到地上） 給我 （放到手裡）

放下：

1 狗狗咬著感興趣的食物或玩具。指著地面，命令狗狗「放下」嘴裡的東西。站在原地不動，一直重複你的指令。這可能需要好幾分鐘，當狗狗最終放下玩具時，再將食物或者玩具還給牠。

給我：

1 狗狗嘴裡叼著玩具時，對牠説「給我」，同時用食物交換牠的玩具。狗狗要鬆開玩具才能吃到食物。當狗狗鬆開玩具時，用食物獎勵牠。

2 把玩具還給狗狗，讓牠知道交出玩具並不代表玩具會被拿走。

預期效果：

狗狗在交出玩具的意願上有所差異。養成這個習慣：只在狗狗願意交出玩具時才將玩具還給牠。

放下： 1 指著地面，發出「放下」的口令。

給我： 1 用食物交換狗狗的玩具。

• 疑難解答

我的狗狗不願放下嘴裡的玩具

試著換一個不太具有吸引力的玩具。當狗狗聽從你的指令後，再用牠更感興趣的玩具獎勵牠。

能強行拿走狗狗嘴裡的玩具嗎？

不能，這樣可能會導致狗狗故意或是無意地咬你。一個讓狗狗鬆口比較好的方法是，向上拉牠左胸或右胸的皮膚。

• 提升訓練！

在狗狗掌握「放下」的動作後，可以此為基礎訓練「整理玩具」（→P.44）與「籃球」（→P.88）的動作。

• 小提醒！

打開狗狗的嘴巴進行檢查時，一隻手放在狗狗的鼻子上，另一隻手拉牠的嘴角，將其上下顎分開。

保持平衡和接住

訓練內容：

狗狗能讓放在鼻子上的食物或玩具保持平衡，並在聽到你的口令時，拋下來並接住它。

口令
等等，接住

1 讓狗狗在你面前坐下（→P.13）。溫柔地扶助狗狗的鼻子使其與地面保持水平，然後把食物放到牠的鼻梁上，小聲地對狗狗說「等等」。

2 保持這一姿勢幾秒鐘，然後放開狗狗的鼻子，同時給出「接住」的指令。精力充沛的狗狗可能會把食物拋得很遠，然後再追逐它，把它叼回來。沉著、冷靜地對狗狗說「接住」，讓這種狗狗慢下來。多練習能提升狗狗的能力，直到牠每次都能完成這個動作。

3 如果食物掉到地上，狗狗卻置之不理的話，假裝跑去跟狗狗搶食物。這樣狗狗才會明白必須接住食物，否則掉在地板上就會被你拿走。

4 狗狗進步後，你的手就不用再放在牠的鼻子上了，讓狗狗自己學會保持食物的平衡。把食物放到狗狗鼻頭部位，狗狗比較容易接住，但這一點並不是所有狗狗都適用。

預期效果：

有些狗狗天生協調能力就好，但所有的狗狗，都能透過這個技能訓練，而提高牠的運動機能。

1 讓狗狗的鼻子跟額頭保持水平，再把食物放上去。

4 狗狗能保持平衡後，放開你的手。

不斷練習能讓狗狗接得更準。

- **疑難解答**

我家狗狗的鼻梁太短怎麼辦？

雖然長著獅子鼻的狗狗也能學會這一技能，但要困難得多。使用彎曲的食物，比如濕麵條，狗狗才更容易掌握平衡。

狗狗準備咬住食物時，食物掉到地上了

在這種情況下，你也可以假裝跟狗狗搶食物，讓狗狗快速叼回食物。

- **提升訓練！**

增加難度：讓狗狗一面平衡鼻梁上的食物，一面做「求求你」（→P.26）的動作。

坐直／求求你

訓練內容：

請求不管用，那就該乞求了！讓狗狗先坐下來，然後抬起上身，臀部著地。狗狗應該兩條後腿著地，脊背挺直，爪子收到胸前。後腿、臀部、胸腔、前肢以及頭部的協調對於狗狗的平衡至關重要。

小狗：

1 讓狗狗面對你坐下（→P.13）。拿食物引誘牠把頭抬起，同時發出口令「求求你」。讓狗狗能輕咬你手裡的食物，誘導牠保持姿勢不動。如果牠的後腿起來了，適當地降低食物的高度，輕拍狗狗的臀部，讓牠坐下。

口令
求求你
手勢

2 隨著狗狗平衡能力提高，逐漸遠離狗狗，轉而使用口令與手勢。停幾秒鐘，再把食物扔給狗狗做為獎勵。記住：一定要在狗狗保持正確姿勢時獎勵，而不要在牠放下前爪時獎勵。

大狗：

1 讓狗狗坐下。站在狗狗身後，腳後跟並攏，腳尖分開。

2 用食物引誘狗狗把頭往後抬起，直到牠把兩前腿舉起來。另一隻手扶住狗狗的胸部。狗狗會逐漸自己找到平衡。等狗狗自我平衡能力提高時，減少手扶的力度，只需在背部或胸部輕觸即可。

預期效果：

有些狗狗能夠很輕鬆地完成這個動作，但對某些狗狗來說，掌握平衡就相對困難一些。這個動作能提高狗的大腿與後背的力量，讓狗狗從中受益。最終，狗狗能坐起來乞求你的表揚。

「我最喜愛的東西是，濕草、馬糞、小貓的毛球。」

• 疑難解答

我的狗狗總是跳起來要食物

┃ 手動得不要太快。狗狗跳起來時不要給獎勵。

我的狗狗用兩條後腿站了起來

┃ 把手放低，輕聲說「坐下」。把食物放到接近狗狗的臉部位置。

我的狗狗保持不了平衡怎麼辦？

┃ 小狗跟體型較圓的狗更容易完成這一動作。大塊頭、身型長和魁梧的狗狗也能掌握「求求你」的動作，但需要更多的時間練習平衡。

• 提升訓練！

現在，狗狗能很輕鬆地保持平衡，那麼嘗試叫狗狗用後腿站起來或走路。

• 小提醒！

讓小狗站在桌子上訓練更為方便。

訓練步驟：

小狗：

1 讓狗狗坐下，用食物引誘他把頭抬起。

讓狗狗能咬到食物。

2 狗狗找到平衡後，逐漸遠離牠。

大狗：

1 站在狗狗身後，腳後跟並攏，腳尖分開。

2 一隻手拿著食物引誘狗狗抬起頭，另一隻手扶住狗狗的胸部。

應聲回答

訓練內容：

狗聽到口令後發出叫聲。

1. 觀察你的狗狗在什麼情況下會叫──聽到門鈴、敲門聲、看到快遞員或者你手裡的牽引帶，利用這些刺激物來訓練本技能。多數狗狗聽到門鈴後會叫，我們就以此為例。站在大門前，讓門開著，便於狗狗聽到門鈴聲。發出「叫」的口令，然後按下門鈴。狗狗叫時，馬上犒賞，並用「叫得好」強化該行為。重複這個訓練步驟大約6次。

口令	吠或叫
手勢	

2. 繼續練習，不按門鈴直接發出指令。可能要多次發出指令，狗狗才會叫。如果狗狗始終不叫的話，就返回上一步進行訓練。

3. 在不同房間訓練。說來奇怪，這對狗狗來說是比較困難的轉變。如果狗狗在哪個環節做得不對，就返回前一個訓練步驟。

預期效果：

假如有可靠的方法刺激狗狗發出叫聲，那訓練一次地就能掌握這個技能了。

- **疑難解答**

  我的狗狗是個愛叫狂怎麼辦？

  > 除非是你讓狗狗叫，否則不要給牠獎勵。要不然，狗狗一想跟你要東西時就會亂叫。

  我找不到讓狗狗叫的方法

  > 狗狗失望沮喪時經常會叫。或者用食物挑逗狗狗：「想要嗎？來，叫一個！」會有用。

- **提升訓練！**

  在掌握了應聲回答的基礎上，訓練「數數兒」的技巧（→P.178）。

- **小提醒！**

  放低聲音，手指著你的嘴唇，跟狗狗說「小聲叫」。當狗狗低聲叫時獎勵牠。

1. 按門鈴。

2. 嘗試只用指令引狗狗發出叫聲。

3. 換個位置，給狗狗指令。

打滾

訓練內容：

狗狗四腳朝天，從一側滾向另一側。

1. 讓狗狗面對你趴下（→P.14）。你單膝跪在狗狗面前，把食物舉到牠頭的一側，準備引導牠向相反的方向打滾。

2. 對狗狗説「打滾」，然後把食物從牠的鼻子移動到肩膀處。這樣能引導狗狗向一側翻滾。表揚並獎勵狗狗。

3. 準備進一步訓練時，繼續把食物從狗狗的肩膀向頸背移動。這樣能引導狗狗四腳朝天地翻滾到另一側。狗狗完成動作後，馬上獎勵。

4. 狗狗把動作做得越來越好時，要逐漸縮小手勢。

口令
打滾
手勢

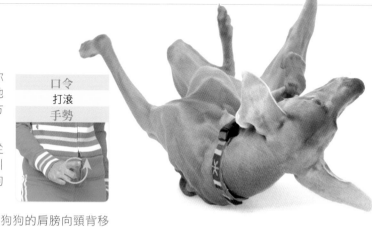

預期效果：

每次練習5～10次，兩週後，狗狗就能在聽到指令時打滾。

2 把食物從狗狗的鼻子往牠的肩部方向移動。

3 繼續向狗狗的頸背移動。

• 疑難解答

我的狗狗在地上扭動，不朝一側翻滾怎麼辦？

> 這是你手位置的問題。你讓狗狗的脖子呈拱形，就像看起來努力用鼻子觸碰肩膀一樣。不要用手推著牠翻身，否則狗狗會理解為一種控制動作而表示服從，以後就很難自己完成動作了。

我的狗狗能側身，但不能繼續四腳朝天地打滾

> 在這種情況下，牽引牠的前腿跟著你的手移動，幫助牠完成打滾。

• 提升訓練！

在學會這動作的基礎上，訓練「裹毛毯」（→P.46）。

• 小提醒！

大多數狗狗都習慣朝某一個方向打滾，因此在一開始教這個動作時，最好先嘗試狗狗較為習慣的方向。

裝死

訓練內容：

狗狗四腳朝天，躺在地上裝死。狗狗一直保持姿勢不動，直到你讓狗狗奇蹟般地復活，好像狗狗聽到你說：「舉起手來，否則我就斃了你。」

① 先讓狗狗練習一些其他動作，在練習完準備休息時再訓練本技能。你單膝跪在地上，讓狗狗趴下（→ P.14）。把食物放在狗狗頭部的一側，移向狗狗肩膀處，與訓練打滾（→P.29）一樣。這樣，狗狗會側倒在地上。

② 用手扶著狗狗的上腹部，引導狗狗仰面躺在地上。一旦牠做到這個動作，就用手摸摸牠的肚皮並表揚牠，同時對牠說「bang bang」以加強狗狗對口令的記憶。

③ 狗狗有進步時，不再用手幫助牠，而是單獨靠食物引導牠完成動作。如果狗狗想打個滾而不是保持這個姿勢，用手按住牠的肚子，讓牠保持不動，然後慢慢拿開手，讓狗狗自己學會保持。

④ 持續練習這一動作，直到你能用「bang」的口令與手勢引導狗狗完成動作。在你給出「OK」、「你得救了」或是其他的解除指令前，狗狗要一直保持不動。

口令
bang
手勢

• 學前準備
不動（→P. 16）
打滾（→P. 29）

• 疑難解答
我的狗狗裝死後，還不停擺尾

放低聲音，以更強硬的命令口吻阻止狗狗擺尾。其實也沒什麼好擔憂的，這反而會讓觀眾哄堂大笑。

我的狗狗的「死相」很痛苦又很緩慢，似乎還得補幾槍才能死絕

你可以即興表演「討厭，嚥氣吧！你已經死了！別搶戲了！」

• 小提醒！
由於開槍的手勢可能不適合兒童，你可以考慮使用「boo」嚇一嚇狗狗，讓牠裝死。

「我不喜歡的事是：洗澡、貓咪睡我的床、獨自在家。」

預期效果：

這個姿勢可能會讓狗狗感到彆扭，因此需要花點時間適應。可以和打滾的動作一併訓練，讓狗狗明白兩者的區別。

1　讓狗狗在你面前趴下。

用食物引導牠朝一側翻身，就像學習打滾動作一樣。

2　繼續引導牠仰面躺下，扶住狗狗讓牠保持不動。

4　繼續訓練，直到狗狗在聽到口令或看到手勢時能完成裝死的動作。

第三章

實用技能

很早以前，狗就成了人類的朋友。人類與狗之間存在著某種和諧共存的關係，互相為彼此提供服務。人類為狗狗提供了牠所需的食物、住所以及醫療照顧。而狗也在很多方面為人類提供了幫助，比如，拉車或拉雪橇、守護牲畜、追捕獵物以及防衛惡徒等等。當然，在現代社會，這樣的幫助或許已然過時，但這並不意味著狗狗已經失去了價值。畢竟，狗狗還是能幫我們完成很多日常事務的。

其實狗狗也想做些事情，讓人類知道牠的價值，並獲得表揚與成就感。在本章中，你將幫助狗狗學到一些對你日常生活有幫助的實用技巧。當然，要讓狗狗掌握這些技巧，需要你付出努力，但這樣的付出是值得的。想想看，狗狗能每天為你取早報、拿拖鞋以及整理玩具。這將為你節省多少時間（可以讓孩子也嘗試嘗試）！

狗狗會非常熱情地完成自己認為重要的工作。狗狗為你拿報紙後，一定要花點時間表揚牠。不要隨手把報紙丟到桌子上，不理狗狗。狗狗為你拿皮包時，注意別讓狗狗咀嚼，或者將包包掉在地上。畢竟包包也很貴重。當狗狗「自豪地」為你拿來兩隻不配對的拖鞋時，你要驕傲地穿上。畢竟，沒有什麼比狗狗——你最好的朋友——的感受更重要。

取拖鞋

訓練內容：

聽到命令後，狗狗開始尋找並啣回一隻你的鞋子。狗狗能夠分辨出其他人的鞋與你的鞋，但需要注意的是，不能保證取回來的鞋子正好是一雙。

1. 選一個空曠的地方，把你的一隻拖鞋放到離狗狗不遠處。指著拖鞋，向狗狗發出「取鞋」的口令。狗狗完成後，馬上獎勵。

口令
取鞋

2. 成功幾次後，把拖鞋放到看不見的地方，或者其他房間，讓狗狗去找。

3. 狗狗習慣於取某隻特定鞋子後，換別的鞋子練習。這樣，狗狗就會明白，凡是有主人味道的鞋都在尋找範圍內。

預期效果：

只要狗狗感興趣，就多練習，每次訓練4～6次。兩週後，坐在扶手椅裡，狗狗就能把拖鞋拿給你了。

- **學前準備**
  取物（→P. 22）

- **疑難解答**
  狗狗拿回別的東西來了，比如玩具、衣服等怎麼辦？
  狗狗過於興奮，忘記你讓牠取什麼了。狗狗取回別的東西時，不要接受，鼓勵狗狗再去取鞋子。

  我的狗狗取回兩隻不配對的鞋子
  我該怎麼説呢，要嘛為你得到的東西高興，要嘛把衣物整理得更整潔一些。

1. 指示狗狗取拖鞋。

2. 把拖鞋放到另外一個房間。

3. 換別的鞋子重複練習。

取牽引帶

訓練內容：

聽到你的口令或者自己想出去散步時，狗狗從固定地點找出牠的牽引帶。

1 每次替狗狗繫牽引帶時，對牠說「牽引帶」，讓牠熟悉這個名詞。像玩遊戲一樣，把牽引帶扔到地上，讓狗狗去取。注意固定好上面的金屬釦，這樣才不會在狗狗興奮過度甩來甩去時彈到牠的腦袋。金屬釦釦到手柄上並不是個好辦法，這樣形成的圈圈容易讓狗狗纏進去。

口令
牽引帶

2 現在，把牽引帶放到固定位置，比如門鉤上。指著牽引帶，鼓勵狗狗去取。把牽引帶從門鉤上取下來需要一定技巧，因此，如果狗狗遇到困難，就要幫助狗狗從鉤子上取下牽引帶。狗狗完成這個動作時，馬上把牽引帶扣到狗狗的項圈上，並帶著牠出去散步。在學習本動作時，獎勵是帶著狗狗出去散步，而不是給食物，一定要盡早讓狗狗明白這一點。

3 下次你準備出去散步時，讓狗狗為即將出門亢奮起來，並讓牠在出門前取下牽引帶。

預期效果：

你看電視時，狗狗可能會把自己的牽引帶丟到你膝上。對此不要驚訝。這種溝通方式要比牠亂叫或是用爪子抓門好多了。所以，你需要盡可能多帶狗狗出去散步，以獎勵牠的禮貌舉止。

- **學前準備**
  取物（→P. 22）

- **疑難解答**
  有時候牽引帶會卡在牆鉤上
  興奮的狗會把整個牆鉤從牆上拽下來。因此，最好用直的掛鉤。

- **提升訓練！**
  用牽引帶訓練「遛狗」（→P.36）！

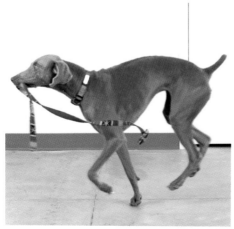
1 為狗狗介紹「牽引帶」這個詞語。

2 讓牠從固定地點取下牽引帶。

帶狗狗出去散步，做為獎勵。

遛狗

- **學前準備**

  叼物（→P. 22）

  前後隨行（→P. 158）

- **疑難解答**

  我的狗狗厭煩地把牽引帶丟在一邊

  立即把狗狗拉回到你身後，讓狗狗重新叼住牽引帶。沒有你的命令，不允許狗狗鬆開。

  當讓狗叼住另一隻狗的牽引帶時，那隻狗狗會表現出攻擊性

  如果你覺得會發生攻擊事件，就不要這麼做。畢竟，這確實不是處理狗群統治權問題的最好方法。

- **提升訓練！**

  學完「信使」（→P.74）後，可以對本技能進行改造，嘗試讓一隻狗把另外一隻狗帶到一位家庭成員身邊。

- **小提醒！**

  理想的牽引帶長度要比你的腰到狗項圈的距離長18～24吋（46～61公分）。最好選擇平織皮帶。

「我出去散步時會自己拉牽引帶。有時候，有人會跟我主人說，我太調皮，該訓練訓練。」

訓練內容：

本技能雖然不是很有用，卻很有趣。散步時，如果狗狗能夠在你身邊自己遛自己，你就能深刻體會到這個技能的魅力了。讓狗狗嘴裡咬著牽引帶的環釦，自己遛自己，真是太聰明了！

1 把牽引帶折疊起來，用橡皮筋固定。命令狗狗「叼住」（→P.22）。等一會兒從狗狗嘴裡拿出牽引帶，並獎勵。

口令
跟著走或過來

2 狗狗嘴裡叼著折疊的牽引帶，然後訓練牠跟在你後面走（→P.158）。

3 現在，把牽引帶釦到項圈上，把末端交給狗狗叼住。命令狗狗叼著牽引帶，在你後面跟著走。

4 把牽引帶釦到另一隻友善的狗身上，訓練兩隻狗一塊兒跟在你後面走。

預期效果：

狗狗自己遛自己時，會讓牠的生活更有生氣。擅長取物的狗狗能很快學會這一動作。但問題是，如何讓狗狗長時間咬著牽引帶不放？尤其是當狗狗遇到無法抗拒的氣味忍不住去嗅的時候。狗狗會享受自己散步的自由，甚至在你遛牠的時候，嘗試從你手裡搶過牽引帶。但這種行為可能會對主人的地位形成挑戰，所以要考慮好是否要讓狗狗學習這項技能。

1 折疊牽引帶，讓狗狗咬住。

2 讓狗狗叼著牽引帶，跟著你走。

3 把牽引帶釦到狗頸圈上，讓狗狗
  咬住牽引帶另一端。

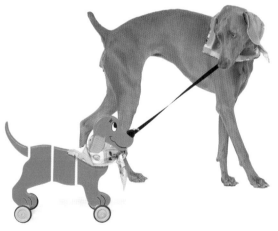

4 讓你的狗狗用這個方式帶著另一隻
  狗狗出去散步。

取報紙

- **學前準備**

  取物（→P.22）

  有幫助的動作：給我（→P.24）

- **疑難解答**

  報紙送來時折疊好了，但沒有裝袋。狗狗叼著時報紙散了

  是的，有這種情況。請送報員將報紙放進狗狗搆得著的信箱中。

  我家狗狗的唾液會弄濕報紙頭版

  寬大下顎的狗，比如偵探犬與紐芬蘭犬，唾液分泌得很多。如果狗狗喜歡這份工作，取報紙時跟牠一起走出家門，用昨天的舊報紙包住新報紙。由於狗狗靠近前門時才會分泌唾液，所以要快點從狗狗口中取出報紙。

- **小提醒！**

  掌握取報紙技能之後，如果狗狗把報紙丟到地上，你不要幫牠撿。這已經是牠的責任了。

訓練內容：

狗狗學會從車道或信箱取報紙，並送到前門。

1. 捲一張報紙，用橡皮筋或膠帶纏住，像玩遊戲一樣扔在室內。向狗狗發出「取報紙」的口令，別讓牠撕咬報紙。狗狗完成指令後給予獎勵。

口令
取報紙

2. 然後在室外嘗試。你站在附近，把報紙丟到經常投遞報紙的地點。

3. 你逐漸往自己家門靠近，報紙還扔在原來的地點，但你站的位置離門越來越近。給狗狗口令讓牠去取報紙，完成後用食物獎勵或表揚牠。

4. 現在狗狗能勝任取報紙的任務了。提高難度，像你的送報人一樣把報紙扔到草叢裡。如果你的信箱有舌門，再訓練狗狗學會拉開舌門（→P.71）、關上舌門（→P.68），甚至把舌門開關放下來（動作改編自「關燈」，→P.66）等動作。

預期效果：

大部分狗狗喜歡嘴裡叼著東西，因此，狗狗非常願意承擔這個重要的日常任務！狗狗習慣丟掉失去興趣的東西，因此，要堅持教會狗狗明白，報紙務必要送到。

1 報紙用橡皮筋綁住，溫習之前
學習的「取物」動作。

2 把報紙扔到門外平時投遞報紙的位置。

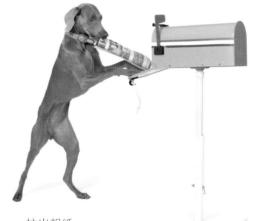

4 教狗狗如何打開信箱。

抽出報紙。

關門。

把舌門開關放下來。

禱告

訓練內容：

狗狗俯下身子，把前爪放到床或椅子邊，腦袋埋到兩隻前腿之間，像鞠躬的姿勢一樣。

1. 單膝側身跪在狗狗面前，發出「爪子放到手臂上」（→P.196）的口令。狗狗完成該動作進行獎勵時，用另一隻手把食物放到狗狗前腿之間，這樣狗狗只有低頭才能吃到食物。剛開始時，狗狗只要低頭就行，當狗狗完成低頭動作時，就給予獎勵。

2. 在椅子上練習。讓狗狗把前爪舉起，發出「禱告」的指令，同時把食物放到狗狗前腿下。這時使用「鞠躬」的命令（→P.162）能幫助狗狗俯下身子。

3. 狗狗進步時，等幾秒鐘再攤開手掌獎勵食物。最後，在你指著椅子說「禱告」時，狗狗應做出禱告的動作，直到你說出解除口令。

口令
禱告
手勢

預期效果：

一定要在低處給獎勵用的食物，也就是在靠近狗狗胸部的位置。不要從上面給食物，因為這樣會讓狗狗抬頭偷看。一般來說，狗狗要幾週才能理解這個動作，中間會不太適應。

- **學前準備**

  爪子放到手臂上（→P.196）
  有幫助的動作：鞠躬答謝（→P.162）

- **疑難解答**

  給食物時，狗狗會把一隻腳從椅子上拿下來

  > 食物盡量湊近狗狗的鼻子，而不只是在低處。要從你的手臂下面遞食物。

- **提升訓練！**

  創意發想：解除口令可以用「阿門」。

- **小提醒！**

  千萬不要給狗狗吃乙醯氨基酚（泰勒諾）、解熱鎮痛劑等藥物，因為會引起嚴重的組織損傷。

1. 讓狗狗把前爪放到你手臂上，從手臂下面給食物。

2. 在椅子上練習。

進窩

訓練內容：

聽到「進窩」的口令時，狗狗回到自己的狗窩。

1 紙板箱讓狗狗感到安全，用來做狗窩非常合適。狗窩是狗狗的私人空間，牠可以在裡面獨自放鬆。毛毯與被褥能讓狗窩愜意而舒適。

2 讓狗狗自己靠近一個新的狗窩。扔一些食物進去，引誘狗狗進窩一探究竟。一旦牠感到箱子很舒服，扔一塊食物進去，同時對牠說「進窩」。狗狗完成指令後，進行獎勵。

3 狗狗現在在等你的命令了。發出「進窩」口令，但不要扔食物進去。一旦狗狗進窩，馬上表揚獎勵。記住，只有牠在窩裡時才獎勵，這是讓狗狗強化動作的正確位置。

預期效果：

讓進窩成為睡前的一個常規環節，狗狗會盼著進窩，以得到一點睡前宵夜。

「我喜歡我的窩，漫長的一天過後，我就蜷縮進窩裡想事情。」

● 疑難解答
我的房子裡與車上都有狗窩，是否該使用不同的口令呢？

狗狗很聰明，牠明白「進窩」指的是任何牠住的箱子或盒子。

● 小提醒！

一頓可口的獎勵：把熱狗切段放到盤子上，用紙巾蓋住。微波爐加熱3分鐘。冷卻後給狗狗吃。

2 扔一塊食物到狗窩裡。

3 發出「進窩」口令，狗狗完成後獎勵。

讓進窩成為睡前的常規環節。

拿包

• 疑難解答

我的狗狗不叼包，或者叼住後馬上就丟掉了

如果狗狗願意叼別的東西，那問題就在包上了。狗狗會抗拒某些質地的東西，比如金屬、裝飾品以及有香水味與菸味的東西。最好用皮包。

我的狗狗經常半路就把包扔到地上

把拿包的任務交給狗狗後，狗狗應該一直負責，直到你要回包。有時候，狗狗為了嚥口水或撓癢，會暫時把包放到地上。因此，不要魯莽下定論，堅持讓狗狗自己撿起來。

我的狗狗愛咀嚼包怎麼辦？

獵犬不喜歡軟質的東西，其他品種的狗則較容易咀嚼嘴裡的東西。但不管是什麼狗，包上面最終都會留下狗狗的牙痕。且把這看成是狗狗留下的特殊標記吧。

我的狗狗總是自己從包裡找食物

要讓狗狗無法接近食物，選擇帶拉鍊的包。

• 小提醒！

狗狗能知道什麼是你重要的東西，如錢包、皮夾、手機、車鑰匙等等。狗狗會享受幫你拿東西的責任感。

訓練內容：

狗狗會在你走路時幫你拿包或提包。

1. 把包的背帶打結，別纏住狗狗。放一把食物進去，然後關上包。

口令
拿包

2. 把包給狗狗，讓狗狗叼住（→P.22）。

3. 一邊跟狗狗說「拿包」，一邊向前走幾步。拍拍大腿，暗示狗狗跟著你走。如果狗狗把包扔到地上，不要撿。使用「叼住」的口令指導狗狗把包叼起來。狗狗只能將包放到你手上，不能放到地上。

4. 狗狗將包交到你手上時，表揚牠，並從包裡拿出食物犒賞牠。當狗狗知道包裡有食物時，即使狗狗厭煩了，也不太可能扔掉它。

預期效果：

獵犬天生喜歡嘴裡叼著食物到處走，訓練一週，牠就能學會叼著包了。

「有時候，我會幫主人拿車鑰匙。但我剛咬住鑰匙串，警報就響了。」

1 在包裡放一些食物。

2 使用「叼住」口令讓狗狗叼住包。

3 拍拍大腿，鼓勵狗狗跟著你走。

4 從包裡拿出食物獎勵狗狗。

整理玩具

訓練內容：

整理玩具時，狗狗打開玩具箱的箱蓋，把玩具放進去，然後蓋上箱子。首先，教狗狗把玩具放進玩具箱，再教牠如何開關箱蓋。

收起玩具：

口令
整理

1 把絨毛玩具分散放到地上，指導狗狗去取（取物→P.22）。

2 狗狗拿回玩具時，手裡拿著食物，手放在已打開的玩具箱上方幾吋的地方。狗狗張嘴吃食物時，玩具就掉到箱子裡。完成該動作以後就表揚牠。

3 狗狗進步後，站在玩具箱後面。把食物藏起來，狗狗取回玩具後，指著玩具箱，讓狗狗放下（放下→P.24）。一開始，每當狗狗成功地把一個玩具放進箱子時就給予獎勵。稍後，要求狗狗把更多的玩具放進箱子再獎勵。

打開箱蓋：

1 在靠近箱蓋開口位置繫上一根粗繩，長度要適當，這樣狗狗從後面拉開箱蓋時，不至於被箱蓋打到。

2 讓狗狗站在玩具箱後面，指導狗狗拉繩（拉繩→P.71）。起初，只要狗狗拉起粗繩就獎勵牠，但當狗狗有進步時，就要求狗狗把箱蓋完全打開。

關閉箱蓋：

1 跪下來把箱蓋打開保持豎直，鼓勵狗狗用鼻子或爪子觸碰箱蓋。狗狗做出動作後，讓箱蓋落下關閉，並獎勵牠。在玩具箱的邊緣放一塊洗碗布，避免關上時聲音太大嚇到狗狗。

2 下一步，把箱蓋完全打開，發出口令「關上」。狗狗會嘗試很多方法，比如用鼻子頂、用爪子推或者拉繩。把蓋子抬高數吋幫助牠，鼓勵狗狗用鼻子從下面往上推箱蓋。

- **學前準備**

拉繩（→P.71）
取物（→P.22）
放下（→P.24）

- **疑難解答**

我的狗狗有時很胡塗，把玩具從箱子裡拿出來

狗狗急於討好你。「哎呀」一聲會讓狗狗知道自己弄錯了。

我的狗狗想玩玩具，不往箱裡放

使用狗狗不太喜歡的玩具。

預期效果：

學完上面的三步驟後，按順序練習：打開箱蓋，收起玩具，關閉箱蓋。把這個技能融入到狗狗的日常生活中，你將因此成為鄰里羨慕的對象。

「我總是先收好我的絨毛玩具，最後再收好橡膠雞。不知道為什麼，我總是這樣做。」

訓練步驟：

收起玩具：

1 讓狗狗取回玩具。

2 在箱子上方給狗狗食物。

打開箱蓋：

2 叫狗狗拉繩。

要求狗狗把箱蓋完全拉開。

關閉箱蓋：

1 保持箱蓋豎直，讓狗狗用爪子關上箱子。

2 把箱蓋完全打開，讓狗狗用鼻子關上。

裹毛毯

- **學前準備**

  趴下（→P.14） 叼物（→P.22）
  打滾（→P.29） 害羞（→P.54）

- **疑難解答**

  我的狗狗不叼毛毯怎麼辦？

  你可能從沒教過狗狗趴下時如何叼物。先從讓狗狗站著練習叼住毛毯，再讓牠躺下練習叼住毛毯。

- **提升訓練！**

  學習「禱告」（→P.40）與「揮手告別」（→P.200），讓狗狗在裹毛毯前跟你說晚安。

- **小提醒！**

  在狗狗嘴裡叼著東西時，練習其他指令：「叼住、旋轉」或「叼住、趴下」。

訓練內容：

狗狗用嘴叼住毛毯，然後往身上捲，裹住自己，最後頭著地，準備睡覺。

① 選擇一條長度是狗狗身體兩倍的長毛毯。注意你的狗狗習慣往哪一側捲。如果狗狗喜歡從左側捲，面對著地，讓牠在毛毯上趴下（→P.14），然後，狗狗就會從左側開始捲。把狗狗頭旁邊的毛毯堆一堆，方便狗狗咬住。

口令
睡覺
手勢

② 舉起毛毯一角，發出「叼住」（→P.22）口令。狗狗咬住毛毯時，馬上表揚並獎勵牠。別讓狗狗自己放下毛毯，除非你從牠嘴裡拿走。獎勵時，鼓勵狗狗保持姿勢不動。

③ 狗狗學會上述動作後，做出「打滾」（→P.29）的指令。狗狗打滾時，經常會丟掉嘴裡的東西。出現這一情況時，不要表揚，不要訓斥，讓狗狗重新再來。

④ 狗狗完成打滾且沒有放開毛毯時，讓狗狗「低頭」（→P.54）。

預期效果：

這個技巧非常難，因為你的狗狗為了能裹住自己，需要完美地掌握每個動作。當狗狗進步後，要一開始就先發出「睡覺」指令，然後再接連發出各別動作的指令，之後，你可以逐步取消各別動作的指令。

「我有個好朋友住在隔壁，名字叫Bear，他不戴項圈，並且在外面睡覺。」

2 讓狗狗趴下，讓牠「叼住」。

3 讓狗狗叼著毛毯打滾。

整個過程狗狗要叼著毛毯不放。

4 最後，頭著地準備睡覺。

第四章

趣味技能

你笑的時候，狗狗也會跟著你一起笑，哪怕你是在笑牠……與狗狗為伴的一大樂趣，就是狗狗每天都能帶給你一些令人啼笑皆非的趣事，而狗狗對此卻一點也不難為情。正如服從是狗狗能與人類成功相處的一個關鍵因素一樣，一些搞怪技能也是增進人、狗關係不可或缺的一部分。

如果你想讓狗狗表現良好、服從命令，就讓狗狗參加服從培訓課。但如果你想讓狗狗學會按喇叭、彈鋼琴、撿錢包以及把頭藏到墊子下等動作，那就閱讀本章內容吧！每當貪玩的狗狗做出一系列滑稽動作時，觀眾都會忍俊不止。

雖然這些技巧看起來很搞笑，但都基於合理的培訓技巧。要掌握這些技巧，狗狗必須發揮自己的聰明才智與協調能力。試著享受狗狗帶給你的樂趣吧！

按喇叭

訓練內容：

狗狗咬住自行車喇叭的橡皮球。

1 鼓勵狗狗玩自己最喜愛的發聲玩具。當狗狗按出聲音時獎勵牠，並說「滴滴」。

口令
滴滴

2 然後，拿著發聲玩具對著狗狗，鼓勵牠咬住並製造出滴滴聲。要一直拿著玩具，等狗狗製造出滴滴聲時獎勵牠。

3 換球形的自行車喇叭進行同樣的練習。用興奮的聲音說出「滴滴」的口令，鼓勵狗狗製造滴滴聲。狗狗完成後，馬上獎勵。

預期效果：

喜歡發聲玩具的狗狗，一天就能掌握本技能。這是叫醒小孩子的好方法，或是在房間過於安靜時製造點動靜。

1 狗狗把發聲玩具弄響時，說出「滴滴」這個口令。

2 拿著玩具，發出「滴滴」的口令，讓狗狗製造出聲音。

3 用拇指幫助狗狗按響自行車喇叭。

- **疑難解答**
  我的狗狗咬合的力度不足以讓喇叭發聲

  > 自行車喇叭比發聲玩具更硬，因此，你可以先幫助狗狗幾次，當牠咬住喇叭時，用拇指按響喇叭，發出聲音。狗狗很快就知道這正是你想要的聲音。

- **小提醒！**
  某些人吃的食物，對狗來說有毒：巧克力、洋蔥、夏威夷豆、葡萄乾與葡萄、馬鈴薯皮、番茄葉與根，以及火雞皮。

騎馬

訓練內容：

狗狗從後面鑽到你兩腿之間。

1. 背對狗狗站著，兩腿分開。

2. 拿塊食物在兩腿間前後搖晃，誘導狗狗鑽到你兩腿之間來。

3. 讓狗狗能舔咬到你手上的食物，並試著讓狗狗在你兩腿之間保持不動10秒。

口令
騎馬
手勢

預期效果：

每天練習10次，一週之內狗狗就能學會。如果狗狗以後喜歡用這種方式引起你的注意，千萬不要吃驚。

- **疑難解答**

  我的狗狗咬食物時咬了我的手

  > 狗狗咬食物時，跟狗狗說「放鬆」。如果狗狗有些粗魯，敲一下牠的鼻子，並說「哎喲」，讓牠知道你被傷到了。

  我的狗狗害怕鑽到兩腿中間，怎麼辦？

  > 到你的兩腿之間，對狗狗來說是把自己置身於一個從屬地位，這需要信任。不要強迫狗狗。

  我家狗狗體型很小怎麼辦？

  > 蹲著讓兩腿分開，讓狗從小空間鑽出來。

- **提升訓練！**

  掌握了騎馬後，在此基礎上，練習「繞腿步」（→P.168）與「合作直踢腿」（→P.174）。

- **小提醒！**

  狗狗淘氣時不要說「不」。需要注意的是，訓練新的技巧或動作時，要嘛給狗狗積極的反饋，要嘛不給任何反饋。

「有一次，我想給一位送貨員表演騎馬，但他說我得先幫他買晚餐。」

2 背對著狗狗，讓牠看到你手裡的食物。

將食物放在兩腿之間，引誘狗狗。

3 讓狗狗舔咬食物，保持該姿勢不動。

逐步延長狗狗保持姿勢的時間，然後再獎勵。

俯臥撐

訓練內容：

狗狗爪子著地，交替起落做俯臥撐。是時候把小懶貨變成運動健將了——來，趴下，做20個俯臥撐！

1. 讓狗狗在你身旁趴下（→P.14）。一面發出「站起」的口令，一面用食物引誘狗狗。一旦狗狗站起來，就表揚狗狗，並用食物犒賞牠。

2. 狗狗對食物不感興趣時，用腳輕觸狗狗的腹部。當狗狗站起來時，獎勵牠。

3. 站在狗狗面前，交替向狗狗發出「站起」與「趴下」的指令，讓狗狗做俯臥撐。每次訓練時，手勢與口令並用。

口令
趴下，站起
手勢

預期效果：

獎勵狗狗前，逐步增加俯臥撐的數量。趴下的動作做得扎實的話，狗狗在一週內就能像運動員一樣專業了。

「我最喜愛的食物有：麵條、熱狗、乳酪條、金魚餅乾、肉丸、綠豆以及胡蘿蔔。」

• 學前準備

趴下（→P.14）

• 疑難解答

我的狗狗每次做俯臥撐時都往前爬

標準的俯臥撐要求腳爪不能移動或極少移動。以這種方式貼地再起來，叫作「協奏曲」式撐。為防止狗狗往前爬，可以在練習時在狗的正前方放一個障礙物，比如柵欄。

• 小提醒！

腰間掛一個裝食物的包包，方便你快速拿出食物給予獎勵。

2 用食物誘導或輕觸狗狗的肚子，讓牠站起來。

3 狗狗得到指令就能站起來時，就讓狗狗趴下，

再站起，不斷交替，

反覆練習俯臥撐！

害羞

「有一次，我吃了一大塊火雞腿骨，後來又吐了出來。真是太棒了！」

訓練內容：

狗狗害羞地把頭藏到墊子或毯子下。

口令
害羞
手勢

1. 讓狗狗看到你手上的食物，並把它放到椅墊或沙發墊下面，盡量靠外一點。鼓勵狗狗去取。

2. 慢慢地把食物放得更靠裡一點，這樣狗狗只把頭鑽進去才能吃到食物。此時說出「害羞」的口令及手勢。

3. 繼續同樣的練習。給狗狗口令及手勢，讓狗狗鑽到墊子下，但不要放食物。狗狗在墊子下來回嗅時，從墊子後面伸手給狗狗食物。當狗狗有進步以後，把食物握在手裡一會兒，給牠前先說「等等、等等」。

4. 在伸手從墊子下面給狗狗食物前，讓狗狗把頭埋在墊子下幾秒鐘，獎勵後再解除指令。

預期效果：

學習本技能尤其重要的是，在狗狗正確完成動作時及時給予獎勵。如果狗狗的頭還沒有埋到墊子下就給獎勵了，狗狗會養成提前伸出頭找食物的習慣。同時，建議你站在椅子後面，避免狗狗伸出腦袋看你。

訓練步驟：

1 把食物放到墊子下。

2 把食物放到墊子下更靠後的位置。

3 狗狗來回嗅時，從椅子後面餵牠。

4 停頓一下再給食物。

現在，狗狗得到指令後會扮害羞了。

跛行

• 疑難解答

給狗狗的一隻腳穿上鞋子，狗狗就會蹺著一條腿走路。我可以這麼做嗎？

> 當然可以。引導狗狗完成這個動作，要結合「跳得好」的口令。狗狗進步時，用更小的東西替換鞋子，比如兒童襪或膠帶。

請問我什麼時候可以把牽引帶換成布帶

> 有技巧的轉換，通常能加快學習進程。先用牽引帶重複練習幾次，然後用布帶練習一次，最後用手抓著牠的一條前腿練習。

• 提升訓練！

掌握了跛行後，接著學習「匍匐前進」（→P.142）與「裝死」（→P.30），表演更誇張的死法。

• 小提醒！

狗狗通常有自己的優勢側。狗狗握手時較願意伸出哪條腿，就先用哪條腿訓練。

訓練內容：

狗狗蹺起一條前腿，靠另外三條腿跳行。這麼惹人憐愛的表演能讓狗狗贏得一根熱狗，甚至是一次美妙的約會。

1. 站在狗狗面前，替牠繫上牽引帶。用牽引帶把一條前腿腕懸在空中。

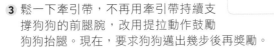

口令
跛腳走
手勢

2. 對狗狗說「跛腳走」並做手勢，鼓勵狗狗向你的方向邁步。只要狗狗邁步，哪怕是一步，也要表揚獎勵。中間讓狗狗休息一下。

3. 鬆一下牽引帶，不再用牽引帶持續支撐狗狗的前腿腕，改用提拉動作鼓勵狗狗抬腿。現在，要求狗狗邁出幾步後再獎勵。

4. 用布做成一條吊帶，從狗狗的頸圈穿過，掛住狗狗的前腿腕。聰明的狗狗知道把頭低下來鑽過去就能脫身。因此，用食物誘導狗狗向前走時，要保持牠的注意力高度集中。要讓狗狗成功完成這個動作，跛行的距離不要太長。

預期效果：

這個動作既費力又費神。狗狗必須集中注意力，才能蹺著一條腿走。在肢體上協助狗狗時，一定要溫柔，要鼓勵，不要脅迫恐嚇狗狗。需要數月才能掌握這一動作。

「我喜歡待在酒店裡。喝口冰桶裡的水後，躺在床上睡覺。」

1 用牽引帶把狗狗的一條前腿吊起來。

2 狗狗向前邁一步後就給予獎勵。

3 不斷地拉動牽引帶，提醒狗狗的腿要一直抬著。

4 狗狗跛行若干步後再獎勵。

扒手

- **學前準備**

  叼物（→P. 22）

- **疑難解答**

  當我右手拿著食物搆地時，狗狗直接從前面過來搆手上的食物，而不是從背後

  > 把食物放進腰包或者嘴裡含著食物，這樣更容易操作。

  我的狗狗太小，站起來還是搆不到我後腰位置

  > 實際上，小狗最擅長學習這個動作。牠們甚至可以四隻爪子蹬在你身上彈跳起來，而不是僅僅用前腿搆你的臀部

- **小提醒！**

  經常跟狗狗說話。狗狗能理解你的語調與肢體語言。

訓練內容：

在你假裝彎腰撿帽子時，狗狗從你的口袋竊走手絹，並把你推倒在地。

1. 背對著狗狗，雙腿分開屈膝彎下身子。左手拿著食物，放到尾椎位置。對狗狗說「口袋，拿住」，鼓勵狗狗站起來叼住食物。

2. 狗狗能持續完成這個動作後，彎腰，用右手搆地面，同時左手放到腰後，給狗狗食物。

3. 接下來，右手拿食物。當狗狗的前爪搭到你尾椎上時，向前翻觔斗，翻完以後右手向後伸，給狗狗食物。練習時穿著襪子防滑，小心別踢到狗狗。

4. 把手帕放到後口袋，對狗狗說「叼住」（→P.22）鼓勵狗狗從口袋叼出手帕。

口令
口袋

預期效果：

本技巧的難點在於，沒有任何明顯的口令，能讓表演明顯明確。

1 彎身下去，左手拿著食物伸到自己尾椎位置。　　　2 左手拿著食物，右手搆地。

3 搆著地後，換成右手拿食物。　　　向前翻觔斗。　　　小心不要踢到狗狗。

右手向後伸，給狗狗食物。　　　4 發出「叼住」口令，讓狗狗從你口袋裡取出手帕。

彈鋼琴

- **學前準備**
  有幫助的技巧：握手（→P. 20）

- **疑難解答**

  我的狗狗總用爪子撓鋼琴

  狗狗抓或者撓琴鍵時，不要獎勵。輕聲地跟狗狗說「放鬆」，讓狗狗平靜下來。敲打狗狗爪子後側，強調讓狗狗舉爪的動作。

  我的狗狗有時候按不到琴鍵

  設置紙板或別的障礙物，防止狗狗把爪子落到琴鍵外的其他地方，或者當爪子落錯地方時，迅速用你的手指敲打狗狗的爪子。

- **提升訓練！**

  學習「打滾」（→P.29）的動作，讓狗狗在鍵盤滾過去，一氣呵成地彈奏一曲。

- **小提醒！**

  當你感到發狂或挫敗時，結束訓練，稍後再試。

訓練內容：

狗狗學會用爪子彈真正的鋼琴或玩具鋼琴。這能令人放鬆，不是嗎？

① 用食物引誘狗狗走到放在地上的玩具鋼琴前。一旦狗狗把爪子放到琴鍵上，馬上給狗狗獎勵並表揚。確定獎勵時狗狗的爪子仍然在鋼琴上。

口令
音樂

② 下一步，讓狗狗的爪子在鋼琴上交替起落。這需要你準確地掌握住時間和位置。誘導狗狗到正確位置，讓牠的兩隻前爪落到琴鍵上。對狗狗說「握手」（→P.20），或者拍打爪子後側，鼓勵牠把一隻爪子舉起來。等狗狗又把爪子放下時，獎勵牠。爪子落下時，狗狗可能會把爪子放到鋼琴後面的地板上，這時，用食物引誘狗狗注意並往鋼琴前方移動。

③ 每次訓練一隻爪子，前後交替練習按琴鍵。有時，當訓練狗狗舉右爪時，把你的身體傾向左側很有幫助，反之亦然。狗狗把爪子放到琴鍵上才能獎勵，而不是在舉爪時就獎勵。

④ 站在一旁讓狗狗自己玩耍！用「音樂」口令代替「握手」和「伸爪」。

預期效果：

雖然這個動作看起來簡單，但卻是本能之外的動作。狗狗通常是因舉起爪子而不是放下爪子被獎勵。

「我有自己的床，上面有我的名字。不過有時候，小貓會睡我的床，弄得臭烘烘的。」

1 用食物引誘狗狗上前。

2 發出「握手」的口令，或者敲打狗狗的爪子。

3 傾斜身體，鼓勵狗狗舉起爪子。

交替舉起兩隻爪子。

4 站起來繼續給狗狗口令。

聽，多麼美妙的音樂！

裝笨

訓練內容：

這個技能有很多變化，但前提是你的狗狗能在看到一些微妙的手勢後，做出跟明顯的口令截然不同的動作。下面是四個例子。

❶ 「費多，從火圈跳過去！」聽到這句口令後，狗狗竟然用爪子蒙住了眼睛。這是怎麼做到的？首先費多不是你的狗的名字。其次，狗狗看到你給牠發出的是「遮住」（→P.198）而不是「跳」的手勢。最後可以這樣結束表演：「費多，那隻可愛的法國貴賓犬正在看節目喲……」同時用手勢命令狗狗馬上跳起來穿過火圈，完成表演。

❷ 「費多是一隻乖狗狗，牠從不往垃圾桶裡鑽。」可是一旦你開始背對狗狗時，狗狗會馬上跑向垃圾桶。這是怎麼完成的？垃圾桶裡有食物，而你讓狗狗待著不動。聽到解除口令後，比如你對觀眾說出「OK」後，狗狗便會迫不及待地跑向垃圾桶。

❸ 「狗狗去哪兒了？有人看見沒？」你掃視觀眾時，狗狗從你背後鑽到你兩腿之間。當然，狗狗是收到了讓牠騎馬（→P.50）的手勢。

❹ 「跳過火圈！」聽到這樣的口令後，狗狗反而在地上裝死，而你也伴裝尷尬。實際上，狗狗是接到了裝死（→P.30）的手勢暗示。

預期效果：

這一技能的難點之一是，讓狗狗在你背後完成動作，而且你跟狗狗沒有眼神交流。狗狗經常會從後面跑到你前面，好看到你的臉，因此，每次訓練都要用同樣的方式，按照一定的模式進行。

「有時候，我會裝作一點也不明白主人在說什麼。」

• 小提醒！

在學習新技巧的過程中，注意狗狗焦慮的表現，比如，抓撓、打哈欠、舔嘴唇、扭頭看別處等等。

• 疑難解答

我的狗狗做不到待著不動

眼神交流能夠成為強而有力的指令。當想讓狗狗做點什麼時，跟狗狗進行眼神交流；當想讓牠待著不動時，就不看牠。

訓練步驟：

1 「費多，跳過火圈！」

2 「費多是隻乖狗狗，從來不往垃圾桶裡鑽。」

3 「我找不到我的狗狗。」

4 「費多，跳呀，跳呀！」

第五章

現代生存技能

如今，狗狗已經成了我們家庭的一員；狗狗睡在床上，穿著衣服，吃著美味的三餐。過去戶外的犬類所掌握的一些技能，已經逐漸被一系列實用而適應現代生活的技能所替代。以前，最重要的是讓狗狗為你捕食，而現在，我們更欣賞狗狗能為我們拿遙控器、接電話，甚至是從冰箱拿冷飲！

我們覺得能模仿人類行為的狗狗更討人喜歡。當我們教狗狗以某種本能行為（比如取物）對口令做出反應時，我們已教會了狗狗把某個詞語和具體行為關聯起來。因此，教狗狗模仿人的行為時，我們教給狗狗的不僅是詞彙，還是包含邏輯與非本能生理反應的複雜概念。

但坦白説，除了提高狗狗智商的目的之外，本章的技巧訓練還有另外兩個目的：給朋友留下美好印象，以及你口渴時狗狗能替你拿啤酒！

接電話

訓練內容：

電話或手機響時，狗狗替你拿起話筒或找到手機，然後交給你。

1 把電話放到地上，拿下話筒。讓狗狗去叼（叼物→P.22）話筒，然後獎勵牠。

口令

鈴鈴鈴

2 離電話遠點，讓狗狗去取話筒（取物→P.22）。盡力模仿電話鈴聲做為口令。狗狗成功取來話筒時，再次獎勵狗狗。

3 逐步把電話移離原位——先是移到小桌上，然後是矮櫃上，最後是矮櫃後面。體型小的狗狗可能需要一把凳子才能搆到電話。

4 現在，你需要把口令與真正的電話鈴聲關聯起來。用另一部電話撥號。鈴聲響起時，用手指著電話並發出口令。狗狗可能會嚇一跳，但每次電話響時都要發出口令。

預期效果：

訓練時話筒可能會經常掉到地上，因此最好用舊電話。手裡拿著手機與食物，每天撥打電話幾次。這個動作對你的狗狗來說涉及很多感到興奮的環節：電話鈴聲、跳到矮櫃上、叼住電話。這通常是狗狗與打電話的人都很喜歡的一個技能。

1 讓狗狗從地上拿話筒。

4 用第二部電話撥號，教狗狗聽到鈴聲拿起話筒。

- **學前準備**
  取物／叼物（→P. 22）

- **疑難解答**
  我的狗狗叼住電話後又丟下了電話
  部分原因可能是電話外形笨拙、質地光滑。有修長手把的電話可能會好一些，或者替電話包上膠帶。

- **提升訓練！**
  學習「應聲回答」（→P.28），讓狗狗使用電話「通話」。

- **小提醒！**
  用手機訓練本技巧時，設定的鈴聲要容易分辨，前後一致。

「電話響時，我會拿起話筒交給主人。」

關燈

- 疑難解答

開燈與關燈的區別在哪裡，如何訓練

狗狗掌握不了二者的區別。狗狗只會把爪子放到開關上，直到你告訴牠做對動作了。

- 提升訓練！

掌握了開關燈後，學習類似的動作「開關門」（→P.68）。

- 小提醒！

狗狗需要你的表揚。如果想給狗狗一個擁抱，讓狗狗先坐下或者先握手後再擁抱。

「我一週修剪兩次指甲，剪了就有餅乾吃。」

訓練內容：

狗狗學習用爪子觸碰牆上的開關，開燈或關燈。最好是用平的蹺板開關，尤其是開燈時。如果是小狗，需要在開關下面放一把凳子。

1 把食物舉到比開關稍高一點的位置，說出「按開關」的口令，鼓勵狗狗去按。狗狗搆到開關時獎勵食物。

口令
按開關

2 把食物移到開關上面的位置，身體不要靠在牆上，另一隻手敲打開關。把食物握在手中，鼓勵狗狗起身抬起前腿，直到狗狗的爪子在牆上按一次到兩次再獎勵。獎勵時要確定狗狗是直立著的。

3 給狗狗口令，同時敲打開關面板，然後把手放下，讓狗狗自己嘗試按牆壁。狗狗有進步時，讓狗狗挑戰按開關。成功完成後，獎勵狗狗。

4 最後，站在遠離開關的位置，叫狗狗自己關燈。

預期效果：

「出門時把燈關上，你會嗎？」精力充沛的狗狗會很快明白用爪子撓牆的意思；但領會按開關與按牆壁的不同，則需要更長的時間。

1 把食物放到開關上面的位置，鼓勵狗狗去拿。

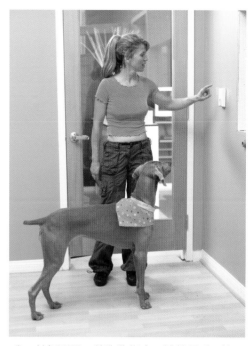

3 敲打開關，給狗狗指令，讓牠用爪子按。

獎勵狗狗前，要狗狗成功完成按開關動作。

4 讓狗狗自己按開關！

開關門

• 提升訓練！
在本技能的基礎上，訓練「從冰箱取啤酒」（→P.72）。

• 小提醒！
矮個子的狗狗需要踩著凳子才能搆到門把。

訓練內容：

狗狗抓住門把開門，並用爪子推門把門關上。

開門：

1. 讓狗狗站在可以向外打開的門前，這種門的門把得是槓桿式的。門的另一邊應該是對狗有吸引力的東西，比如戶外通道、食物或者狗狗最愛的玩具。讓門開一道縫，鼓勵狗狗推門去拿獎勵。

2. 你的手扶著門，讓門開一道縫，鼓勵狗狗推門。這次，狗狗要趴上或跳上門才能推開。狗狗這樣做時，鬆開手，讓門打開，讓狗狗出去拿獎勵。

3. 把門完全關閉，敲打門把，同時鼓勵狗狗起身。狗狗爪子搆到門把時，巧妙地按下把手，讓門打開。

4. 現在，狗狗明白了門把是開門的關鍵。如果門後的東西有足夠的吸引力，那麼狗狗會自己提高開門的技能。

5. 狗狗掌握了向外開的門後，換一扇內開的門試試。用膠帶把門栓貼住，這樣不用按把手門就能開。狗狗先要學會靠到把手上，然後倒退。你要站在門的另一側，拿著食物或玩具。一邊敲門，一邊叫狗狗。

6. 撕掉膠帶，再次站到門的另一側。用你的腳推著門，這樣如果狗狗按到門把，門就會朝牠的方向打開。狗狗需要學會一邊按把手一邊往後退。

口令
開門
關門

1 讓狗狗推開門，從門縫穿過。

2 手扶著門，讓門微開，同時讓狗狗用爪子推門。

3 狗狗推門時按下把手。

4 鼓勵狗狗自己把門打開。

關門：

7 門朝內半開著，食物貼著門舉到狗狗鼻子的高度，鼓勵狗狗說「關門，拿去」。狗狗表現出興趣時，把食物貼著門，舉到比剛才更高的位置。這樣狗狗抬起前腿去搆食物時，便會推著把門關上。這時，馬上給狗狗食物，並表揚牠。如果狗狗被關門的聲音嚇到，而沒拿回食物的話，鼓勵狗狗將注意力放回門上。狗狗用兩隻爪子推門，正確完成動作時，再獎勵牠。

8 狗狗掌握之後，嘗試透過敲門讓狗狗推門。推著關上門後，獎勵狗狗。

9 最後，站在距門較遠的位置，給狗狗關門的指令。當狗狗激動地「砰」的一聲把門關上時不要詫異。

預期效果：

門把一直都是讓狗狗感到困惑的地方。開門需要一定的邏輯能力與協調能力，因此，狗狗需要數週甚至更長的時間才能掌握。相對而言，關門要容易得多，並且狗狗也覺得更有趣。

「小貓搆不到門把手，總是從門上的小洞鑽過。」

5 嘗試向內開的門。

6 用腳抵住關著的門。

7 把食物貼著門舉起。

8 敲門。

進門搖鈴

訓練內容：

狗狗進出門時用鼻子或爪子搖鈴鐺。

1 晃動地上的鈴鐺，鼓勵狗狗去取。狗狗用鼻子或爪子碰到鈴鐺時，馬上說「搖得好」，並獎勵食物。

| 口令 |
| 搖鈴 |

2 把鈴鐺掛在門把上，位置要低，對狗狗說「去搖鈴」，鼓勵狗狗搖鈴。這時你要把食物放到鈴後面，引誘狗狗。一旦鈴發出聲響，馬上表揚並獎勵狗狗。

3 拿出狗狗的牽引帶，讓狗狗以為要出門而激動起來。放到掛著鈴鐺的門前，鼓勵狗狗搖鈴。這需要一點時間，因為狗狗會被出去散步的想法分散注意力。狗狗一碰到鈴鐺，馬上開門並帶狗狗出去散步。學習本動作時，給狗狗的獎勵不是食物，而是散步。因此，要早點讓狗狗知道這一點。

4 遛狗回來後，許諾狗狗門內有食物或晚餐，讓狗狗激動地想要進門。開門前，讓狗狗先用爪子搖鈴。要搖響鈴鐺可能需要幾分鐘，因此選你有空閒的時候練習。

預期效果：

進出門搖鈴的規則要一致，這有助於加快狗狗的學習過程。一開始你就要迅速對鈴聲做出應——聽鈴響後，馬上跑去開門。這一溝通方式確實遠勝於狗狗亂叫或者撓門，因此，盡可能常常出去遛狗，以獎勵狗狗的禮貌舉止。

• **提升訓練！**
把「關燈」（→P.66）的動作加以變化，學習按門鈴。

2 把食物舉到鈴鐺後面，鼓勵狗狗搖鈴鐺。

3 搖響鈴鐺後，帶狗狗出門散步，以示獎勵。

4 讓狗狗從門外搖另一個鈴鐺再進屋。

拉繩

訓練內容：

開柵欄、拉車，狗狗拉繩的本領大有用武之地。

1 為了向狗狗介紹「拉繩」，先跟狗狗玩拔河遊戲。玩拔河的繩子或玩具，寵物店都有賣。買不到的話，舊毛巾也可以。發出「拉」的口令，左右搖動玩具或者讓狗狗拉玩具。

口令

拉

2 把玩具換成一條打結的繩。讓狗狗不時地拉你手裡的繩子，保持狗狗的參與熱情。

3 把繩子一端繫到木板箱上，讓狗狗拉著箱子走。這和自我獎勵的拔河遊戲不同，因此，你一定要表揚並獎勵狗狗。

4 學以致用。讓狗狗拉雜貨車、拉開門，或者拉響門鈴的繩。想像一下，你的狗狗一定會成為鄰里艷羨的對象！

預期效果：

猛犬或梗犬生來擅長這一技巧。但是，所有狗狗透過練習都能掌握得不錯。訓練越像遊戲，狗狗掌握得越快。每天遊戲，一週內，狗狗就能自己拉東西了。

1 與狗狗玩拔河。

• **疑難解答**

我聽說與狗狗玩拔河會引發狗狗的攻擊行為，是這樣的嗎？

> 拔河屬於競爭性遊戲，有輸有贏，攻擊性強的狗狗會妨礙其他狗狗取得勝利，以顯示牠的控制欲，然而對大多數的狗狗是無害的。因此，要遵守遊戲規則：遊戲的開始與中斷取決於你，遊戲結束取決於狗狗（放棄玩具時）；嚴格禁止攻擊行為。

• **提升訓練！**

掌握了拉繩後，狗狗就能打開盒子和整理玩具（→P.44）了。

2 使用打結的繩子練習。

4 把繩子繫到想讓狗狗拉的東西上。

從冰箱取啤酒

- **學前準備**
  拉繩（→P.71）
  取物（→P.22）
  關門（→P.69）

- **疑難解答**

  地板快被狗狗刮壞了

  > 在瓷磚地板上拉洗碗布時，體重輕的狗狗容易滑倒。墊個門墊，或者找一條長一點的繩子繫到把手上，改變狗狗的用力角度。

  取啤酒時，狗狗一直在冰箱裡找來找去

  > 天下沒有免費的午餐。這或許是你讓狗狗取啤酒該付的代價吧！

訓練內容：

學會這個有用的技能後，狗狗就能打開冰箱門，取出啤酒，並返回關上冰箱門。

打開冰箱：

口令
取啤酒

1 用洗碗布練習拉繩（→P.71）。把洗碗布繫到冰箱把手上。冰箱門半開著，指導狗狗拉洗碗布。為保護狗狗並防止狗狗滑倒，拉洗碗布時，狗狗的四腳都要著地。然後，把冰箱門完全關閉，讓訓練更具挑戰性。

取啤酒：

1 把啤酒喝完。

2 用空罐跟狗狗玩取物（→P.22），讓狗狗習慣拿空罐。許多狗狗都不願意嘴裡含著金屬物，加個絕緣外套或許有幫助。

3 把冰箱裡的東西收拾整齊，把啤酒罐放到冷藏庫，打開冰箱門讓狗狗去取。獎勵時所用的食物必須比冰箱裡的食物美味才行。

關冰箱：

1 打開冰箱門並敲打，同時發出關門（→P.69）的口令。

預期效果：

狗狗適應了上面三個步驟後，以「取啤酒」這口令來開啟這三個各別步驟。然後，逐步取消各別步驟的口令，但代表整個過程的「取啤酒」口令要保留。現在，狗狗知道了冰箱的秘密，恐怕你要在冰箱上裝一把掛鎖了。

「爸爸喜歡我的這個技能。」

打開冰箱：

1 讓狗狗拉緊在冰箱把手上的洗碗布。

拉布時狗狗的四腳要著地。

取啤酒：

1 喝完罐裡的啤酒。

2 用空罐跟狗狗玩取物。

加個絕緣套更方便狗狗叼取。

關冰箱：

3 從冰箱取罐啤酒。

完成後獎勵狗狗。

1 讓狗狗返回把門關上。

信使

- **學前準備**
  叼物（→P.22）
  給我（→P.24）

- **疑難解答**
  便籤掉了，狗狗撿不起來怎麼辦？
  ▌把便籤折疊一下會相對容易一些。

  狗狗跑到收信人那兒，但沒帶便籤
  ▌收信人應鼓勵狗狗回去找。「便籤
  ▌在哪兒？怎麼回事？去找回來！」

  狗狗以前能很輕鬆完成這個技能，
  但現在沒興趣了
  ▌狗狗不再想要食物獎勵了嗎？學會
  ▌後，雖然不必每次都獎勵食物，但
  ▌三次中要獎勵一次，這樣才能保持
  ▌狗狗的積極性。在一個塑膠袋裡放
  ▌點食物，與便籤放一起，這樣更便
  ▌於收信人拿出食物獎勵狗狗。

- **小提醒！**
  訓練狗先送貨，再回來要食物！

「送棒球時，我會讓裁判
追著我滿場跑。哈哈。」

訓練內容：

狗狗要記住家庭成員的名字，然後把便籤交到指定收信人手
上。特別重要的優先郵件，讓狗狗信使為你效勞吧！

1 選個空曠的環境，讓一位朋友或家庭成員口袋裡裝上食
　物，站在狗狗對面。

口令
交給 （某人的名字）

2 指導狗狗叼住（→P.22）便籤，指著
　收信人，告訴狗狗她或他的名字。

3 收信人叫狗狗，鼓勵牠跑過去。

4 狗狗跑過去後，收信人跟狗狗說出給我（→P.24）的口
　令，用食物交換便籤。

預期效果：

狗狗記名字的方法跟我們一樣，也是藉由不斷重複來完成
的。在狗狗面前叫名字，這樣，狗狗很快就能識別不同人的
名字——甚至是貓咪的名字。

2 給狗狗一個便籤，然後指著收信人。

3 收信人叫狗狗。

4 收信人用食物交換便籤。

![paws] 較難

找車鑰匙／遙控器

- **學前準備**

  取物／叼物（→P.22）

- **疑難解答**

  食物袋要一直繫在車鑰匙上嗎？

  > 多次訓練以後，你就可以解下來了。考慮到狗狗更容易找回味道奇特的東西，可以用橡膠或皮質的鑰匙鏈。

- **小提醒！**

  狗狗能看到的顏色有限。牠們無法區別紅色、橙色、黃色與綠色，卻能把這些顏色和藍色、靛藍與紫色區別開來。雖然狗狗識別的顏色種類比人類少，但狗狗晚上的視力與對運動物體的敏感度卻比人類強得多。

「小貓走丟後我能幫主人找到牠。」

訓練內容：

狗狗會幫你把遺失的東西找回來。這項技能太有用了！

找鑰匙：

口令
取來鑰匙
取來遙控器

1. 零錢包裡裝點食物，繫到掛著鑰匙的鑰匙鏈上。像玩遊戲一樣把鑰匙扔到某個地方。口令「取來鑰匙」（取物→P.22）。狗狗取回後，從包裡拿出食物犒賞牠。由於狗狗自己打不開包包，所以牠會趕緊跑回來把包包帶給你。包裡食物的味道有助於狗狗找到鑰匙。

2. 接下來，把鑰匙串藏到更遠的地方，或是隔壁房間。跟狗狗玩遊戲，讓狗狗挨屋找。下一次當你找不到鑰匙時，你會因為狗狗學了這一技能而感到欣慰。

找遙控器：

1. 大部分狗狗不喜歡把質地硬的塑膠遙控器叼在嘴裡。因此，練習時，用膠帶包住遙控。讓狗狗先看看遙控器，再跟狗狗說「叼住遙控器」（叼物→P.22）。叼住後，表揚狗狗，並拿食物跟狗狗交換。

2. 把遙控器放到咖啡桌上，指著說「取來遙控器」。

3. 換更真實的場景訓練。坐在椅子上，把遙控器放到常放的位置，讓狗狗拿給你。這招會讓你的客人們感到驚訝。

預期效果：

雖然學習找東西不複雜，但面臨的挑戰是，如何讓狗狗在尋找既非玩具又不是食物的東西時一直保持積極。在這一過程中，一定要多表揚獎勵狗狗。一個月內，狗狗就能為你找回你丟失的東西了。

訓練步驟：

鑰匙：

1 找個鑰匙串，把裝著食物的零錢包繫
上。讓狗取回鑰匙串並獎勵牠。

2 把鑰匙串藏起來，鼓勵狗狗找鑰匙。

遙控器：

1 用膠帶包住遙控，讓狗狗用嘴叼住。

2 把遙控放到咖啡桌上，站在遠處命
令狗狗去取。

推購物車

訓練內容：

能幫人做事的狗狗總是討人喜歡的。狗狗後腿著地，推著購物車、兒童車或者玩具割草機（依狗狗的塊頭以及家務工作難度而定）。

上來：

口令
上來
往前推

1. 選一件結實的低矮家具，把手裡的食物舉到家具上方，對狗狗說「上來」。拍打家具誘導狗狗把前腿放上去。食物舉得不要太靠後，防止狗狗跳上去或是直接躍過桌子。

2. 狗狗兩隻前爪都放到家具上時，讓狗狗吃到食物。

3. 把家具換成橫杆。站在狗狗面前，把橫杆放到你跟狗狗之間。讓狗狗看到你嘴裡的食物，然後，給出「上來」的口令，引導狗狗把前爪放到橫杆上。狗狗完成後，嘴對嘴餵牠食物，如果你願意，也可以把食物吐到牠的嘴裡。

往前推：

1. 狗狗爪子放到橫杆上後，一面向後走，一面跟狗狗說「往前推」。注意，橫杆的高度要正好讓狗狗筆直站立。

2. 選擇一輛高度適當的手推車或小車。車裡放點東西，以避免車子被狗狗壓翻。用毛巾裏住把手下面的格柵，防止狗狗的爪子卡進去。站到小車一邊，扶住小車，防止滑動。敲打把手，跟狗狗說「上來」。把食物舉到狗狗面前，引誘牠「往前推」。車子往前一動，馬上獎勵狗狗。記住，一定要在狗狗保持正確姿勢時獎勵牠——保持直立。

3. 站在小車對面。食物舉到狗狗鼻子前，引誘狗狗往前推車。慢慢地，減弱你扶小車的力度。不用多久，狗狗就能自己推車購物了！

預期效果：

草地比較適合本技能的訓練，因為草地能減緩車子的速度。訓練過程中要一直控制好推車，因為跌倒一次就會讓狗狗感到強烈的挫敗感。

- **疑難解答**

  我家狗狗的前爪一直往下放

  用食物當誘餌。狗狗往前走時，食物就放在離狗狗鼻子幾吋的位置。

- **提升訓練！**

  調整一下整理玩具（→P.44）的動作。讓狗狗把雜貨放到車裡，然後推著走。

訓練步驟：

上來：

1 把食物舉高，跟狗狗說「上來」。

2 狗狗的兩隻爪子都放上箱子後，給牠食物。

3 換成橫杆，讓狗狗把爪子放上來。

讓狗狗從你嘴裡吃到食物。

向前推：

1 你拿著橫杆向後退。

2 引誘狗狗把爪子放上來。

拿著食物引誘狗狗往前推車。

3 站到小車對面。

慢慢鬆開小車。

不用多久，狗狗就能自己推車購物了。

拿紙巾

訓練內容：

打噴嚏是讓狗狗拿紙巾的指令。狗狗還能幫你把用完的紙巾扔到垃圾桶裡。

取紙巾：

① 準備一盒紙巾，用膠帶把紙巾盒固定到低桌或地上。晃動露出來的紙巾，讓狗狗叼住（叼物→P.22）。

② 站在離紙巾盒稍遠的地方。指著紙巾盒，跟狗狗説「哈啾，拿來」，鼓勵狗狗幫你拿紙巾。狗狗拿到後，讓牠給你（給我→P.24），用食物跟狗狗交換。

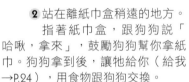

口令
哈啾
扔掉

手勢

③ 坐在椅子上嘗試。把紙巾盒放到不同地方訓練，逐步去掉其他指令，最後只用「哈啾」指令。做手勢讓狗狗保持注意力時，手裡要拿著食物。

扔紙巾：

④ 坐在椅子上，旁邊放個垃圾桶。弄縐紙巾，遞給狗狗，告訴牠「叼住，扔掉」。

⑤ 手裡拿著食物，指著垃圾桶，重複説「扔掉」的指令。狗狗湊近嗅食物時，命令狗狗放下（→P.24）。狗狗扔掉紙巾後，把食物丟進垃圾桶，讓狗狗能得到。這樣做能讓狗狗在垃圾桶裡一直嗅，從而增加狗狗把紙巾放到垃圾桶的機率。

⑥ 狗狗進步之後，把垃圾桶放到更遠的地方。

預期效果：

取紙巾要比扔紙巾更容易教。雖然基本動作幾週內就能學完，但用一個口令完成本技能則要困難得多。想一想，你打噴嚏時，狗狗跑著給你取來紙巾，你的客人們會多麼吃驚啊！

• 學前準備

取物／叼物（→P.22）
放下／給我（→P.24）

• 疑難解答

我出去時，狗狗竟然把紙巾盒裡的所有紙巾都叼走了

有些狗狗會覺得叼紙很有趣。對此我只能説，你應該慶幸淘氣的狗狗沒發現廁所裡的捲筒紙。

我的狗狗把紙巾都扔掉了

重新學習取物（→P.22）動作。狗狗把取的東西丟到地上時，鼓勵狗狗拿回來，你不要撿。

我的狗狗想扔掉紙巾時，紙巾竟黏到牙齒上掉不下來了

紙巾捲得越像個團，越容易被扔掉。你也可以在紙團裡放一顆小石頭。

我的狗狗拿了紙巾後直接扔進垃圾桶

做出「哈啾」手勢指令後，馬上讓狗狗看到食物。用眼神把狗狗吸引過來。

訓練步驟：

取紙巾：

1 把紙巾盒固定在桌子上，讓狗狗叼住紙巾。

2 指著紙巾盒，發出「哈啾，拿來」指令。

3 　坐在椅子上，給狗狗做手勢。

用食物跟狗狗交換紙巾。

扔紙巾：

4 把弄縐的紙巾團遞給狗狗。

5 　手裡拿著食物，指著垃圾桶。

把食物丟進垃圾桶裡。

6 把垃圾桶放到更遠的地方。

進了！狗狗運動員又拿下一分，觀眾沸騰了！綽號為「飛人費多」的狗狗，一旦學會參與你的比賽，就能出色地投籃、扣籃、接球以及阻止球進入你的控球區。這隻狗必將成為你球隊最搶手的球員。

朋友們，週末都做什麼？運動！不論是公園裡的奪旗橄欖球，還是遊戲室的桌上足球，運動比賽一直都是死黨間的共同愛好。掌握了本章的技巧後，你的寵物狗也能參與其中了。

不論你的狗狗鍾愛足球、籃球，還是射擊，牠都可以透過學習這些受歡迎的運動技巧，與你一起馳騁賽場。

遊戲不僅能培養狗狗的交際能力，還能為日後你跟狗狗的相處建立規則。訓練狗狗時，把自己當成教練。投入和紀律與權威相匹配的精力與積極性。遊戲本身對狗狗來說就是獎勵，但狗狗得到獎勵的前提是遵守遊戲規則。公平、誠實，同時要有耐心。一線明星最初也不過是個小人物，而狗狗也擁有一樣的起點。

讓我們去戶外遊戲吧！

足球

訓練內容:

巨星狗狗帶球奔跑並抽射進球時,球迷們肯定會興奮不已。

1. 從寵物店買一個有開口的中空塑膠玩具球,球滾動時,食物會隨機地從洞口掉出來。球裡裝上金魚餅乾或其他粗粒狗糧,數量以夠狗狗玩幾天為宜。玩具球會成為狗狗的最愛。

口令
足球

2. 指著沒裝食物的空球,跟狗狗說「足球」。狗狗把球滾動幾呎後,把食物扔到球附近,讓狗狗去找。

3. 逐步延長滾球的時間。再獎勵時,不要把食物扔給狗狗,而是讓牠從你手上吃食物。

4. 換成真足球,發出相同的口令。狗狗把球滾動幾步後獎勵,但要逐漸延長滾動的距離。

5. 狗狗做好進球準備了嗎?在網前設置一條明顯的目標線,比如草地旁的混凝土邊線。跟狗狗一起跑,鼓勵狗狗把球滾過目標線外。成功後,馬上獎勵狗狗。

預期效果:

狗狗通常很快就能自學滾球。換成真球後,狗狗會感到有些困惑。因此,需要你輪流使用玩具球和真球訓練。每天訓練,狗狗數週後就能向世界盃進軍了!

「我最愛的遊戲:一個是追碰碰車,另一個是追飛盤。」

- ### 疑難解答

玩球幾次後,我家狗狗的鼻子脫皮了

用新玩具球或者球滾得太快的話,狗狗的鼻子會有刮痕或擦傷。經常檢查狗狗的鼻子以及球上是否有突出物。

我的狗狗愛用爪子抓著球,而不是滾著球走

狗狗氣餒了,不知所措。重新用玩具球練習,但只裝一粒狗糧,狗狗聽見球裡有東西,但需要費點時間才能把狗糧弄出來。狗狗滾動球以後用手拿著食物給予獎勵。

- ### 小提醒!

把雞湯凍成冰塊,熱天時當作狗糧用。

訓練步驟：

1 把狗糧放進玩具球內。

讓狗狗自己玩球。

2 準備一顆球，裡面不要放食物。狗狗
滾著球走時，扔給狗狗食物。

3 換成把食物拿在手裡獎勵狗狗。

4 狗狗滾動真球時獎勵。

5 設置明顯的目標線，指導狗狗把球滾過線。

橄欖球

訓練內容：

狗狗兩腿夾球前行，然後把球叼起。狗狗身兼二職，既是中衛又是接球員。

1. 把橄欖球滾到狗狗面前，跟狗狗說「夾球」。雖然不懂你的意思，但聽到你激動的聲音後，狗狗會做出很多反應：撿球、丟球、把球扔到空中、發出叫聲、把球拿給你或者用爪子抓球。每次狗狗的爪子觸碰到球時，大聲說「真棒」，並馬上獎勵。

口令
夾球

2. 逐步讓狗狗把球按得更用力。狗狗完成後，大聲說「夾得不錯」！

3. 把幾個動作連接起來：放下（→P.24）、鞠躬（→P.162）、夾球，以及在你扔出球的時候接住球（→P.90）。狗狗鞠躬時，對玩具的佔有欲會使牠把球摀住。狗狗會很快明白夾球是在鞠躬後，並會摀著球等待下一個指令。

預期效果：

剛開始訓練該技能時，你和你的狗狗可能會感到有些挫敗，因為狗狗需要多次嘗試才能偶爾領會到夾球的動作。狗狗做出正確動作時給予獎勵的時機非常關鍵。耐心加上堅持，一定會讓你的狗狗成為橄欖球場上的明星！

• **學前準備**

　放下（→P.24）
　鞠躬答謝（→P.162）
　曲棍球（→P.90）

• **疑難解答**

　我的狗狗夾球缺乏力量

　有些狗狗更願意推著球從牠兩腿間穿過，而不是把球扔出去。你可以先拿著食物不急著獎勵，等狗狗有點沮喪並用力把球扔到一邊時，再給狗狗一個頭獎：一大把食物。

• **小提醒！**

　訓狗是一種自我控制課——訓狗師的自我控制。

訓練步驟：

1 鼓勵狗狗玩橄欖球。狗狗爪子碰到球
時獎勵。

2 引導狗狗用力按球，然後獎勵。

3 和狗一起玩遊戲，讓牠先放下，　　　　再鞠躬，　　　　　　　　然後夾球，

最後把球接住！

籃球

- **學前準備**

  取物（→P.22）

  放下（→P.24）

- **疑難解答**

  我的狗狗一直投不準

  > 投籃成功與否主要取決於獎勵食物的時間與位置。注意狗狗的頭部以及食物舉起的位置，要保證狗狗張開嘴後球能掉到籃框裡。

- **提升訓練！**

  兩個球籃，兩隻狗狗，外加上一筐球，能讓扣籃遊戲變得更加有趣！

- **小提醒！**

  訓練越像遊戲，狗狗越熱情。

訓練內容：

狗狗贏得扣籃大賽冠軍。讓另一隻狗狗加入比賽中，或者讓牠挑戰你朋友的狗狗。

1. 玩具球籃的高度要適當，狗狗後腿站立後能構到。把玩具籃球扔到地上，讓狗狗去取（取物→P.22）。

口令
扣籃

2. 狗狗叼住籃球後，將食物貼著籃板舉著，把狗狗引誘過來，同時發出「扣籃」的口令。

3. 狗狗構到食物時，命令狗狗「放下」（→P.24）。當狗狗張開嘴吃東西時，球就會掉進籃框裡。

4. 剛開始時，不管狗狗有沒有把球丟進籃框，都要獎勵。狗狗進步以後，要求狗狗把球丟進籃框裡再獎勵。

5. 不再用食物引誘，而是挑戰用敲打籃板的方式引誘狗狗過來把球丟進籃框。狗狗進步後，「扣籃」的口令就能讓狗狗完成取球、投籃的一系列動作。

預期效果：

每節課練習10次，要保持訓練生動有趣。幾天內，你就能看到狗狗的進步。真正的運動員能後腿站立，把球投到較高的籃框。看，狗狗扣籃了！

「中場表演時，我會穿著膠靴。靴子黏黏的，讓我跑起來很滑稽。」

1 讓狗狗叼住你扔出的籃球。

2 把食物貼著籃板舉著，引誘狗狗過來。

3 狗狗搆食物時，張開嘴後籃球應正好
　掉進球籃。

5 狗狗很快就能自己扣籃了。

曲棍球

• **學前準備**
  觸碰目標（→P.143）

• **疑難解答**
  我的狗狗站在那裡不動，眼睜睜看著球打到自己頭上，這正常嗎？

  這種情況偶爾會發生。不要直接把球扔向狗狗，以防牠還沒有做好接球的準備。

• **小提醒！**
  叼球次數過多會磨損牙齒。最好選擇使用橡膠球。

訓練內容：

狗狗站在網前攔截任何朝牠飛來的東西，從而贏得比賽。

1 多數狗狗能自學這一動作；我們要做的是把動作跟口令關聯起來。找一件狗狗容易叼住的東西，比如絨毛玩具。把絨毛玩具扔向狗狗並發出「抓住」的口令。狗狗接住時，表揚狗狗，並重複「抓得好，接得好」。訓練時不需要用食物，因為讓狗狗玩叼物遊戲本身就是獎勵。

口令
抓住

2 讓狗狗坐下（→P.13），你往後退，並把玩具扔向狗狗。每次都發出「抓住」口令，並交換使用玩具和球。

3 現在，在狗狗後面設置一張欄網，用曲棍朝狗狗的方向擊球。球要選質地軟的容易抓住的，但不要太小。這樣，既可以不傷害狗狗，又可以防止狗狗吞食。

4 接住球後，狗狗可能會在院子裡轉圈，以此表示勝利。讓狗狗回到原位，方法是把目標物（觸碰目標→P.143）放到欄網裡。然後，發出「目標」的口令。狗狗一碰到目標物，就向狗狗的方向擊球，並喊出「抓住」口令，抓住球後獎勵。

預期效果：

對球痴迷的狗狗幾小時內就能學會這一技能，而對你來說，真正要做的工作是成為一位好射手！

1 把絨毛玩具扔向狗狗，説出「抓住」口令。

3 增設欄網與球杆，朝狗狗的方向擊打軟球。

4 觸碰目標物能讓狗狗回到欄網前。　　　　　　再給顆球做為獎勵！

捉迷藏

- **學前準備**
  不動（→P.16）
  過來（→P.17）

- **疑難解答**
  我離開房間，狗狗也會跟著離開

  > 不定時回頭看看狗狗。狗狗要是動了，把牠送回原位。室友做飯時，讓狗狗待在廚房，這樣狗狗就可能不會起身了。

- **提升訓練！**
  變換遊戲場所。讓狗狗學習藏起來（→P.94）的技能，換你去找。

- **小提醒！**
  這個動作能幫狗狗記住你的名字。

訓練內容：

讓狗狗待著不動，同時你找個地方躲起來。說出解除口令，狗狗馬上會來找你。

1. 捉迷藏是個遊戲，不是服從訓練。用激情與笑聲讓遊戲盡可能有趣。讓狗狗坐下保持不動（坐下→P.13；不動→P.16），而你朝房間另一側走去。讓狗狗過來。狗狗完成後，給予食物獎勵。

口令
來找 （某人名字）

2. 讓狗狗待著不動，而你要走出房間，充滿熱情地說「來找（你的名字）」。狗狗找到你後，表揚並獎勵牠。

3. 藏到一個更隱密的地方，比如門後。藏好後，大聲叫狗狗。狗狗敏感的鼻子會讓你無處藏身。

4. 遊戲對你的狗狗來說太簡單。實際上，狗狗能藉由你走路時留下的味道找到你。為增加遊戲的難度，你可以先後走進不同的房間，最後再選擇藏身處。

預期效果：

這一技能把學習與趣味巧妙結合在一起！狗狗學習不動時已經有了紀律性，而現在磨練的是狗狗的嗅覺能力。大多數狗狗都喜歡這個遊戲，在你藏起來後還沒數到20，狗狗就能找到你。

訓練步驟：

1　讓狗狗待著不動，然後叫狗狗過來。　　　　　　　　把這當成遊戲，而不是服從訓練。

2　躲在屋子外面，用口令叫狗狗來
　　找你，「來找（你的名字）」。　　　　　　　　找到你後，表揚狗狗。

3　藏到更隱密的地方，比如門後。

藏起來

訓練內容：

在聽到你給出「藏起來」的口令後，狗狗馬上藏到某個東西後面。大塊頭的狗狗藏到窄柱後面會讓人忍俊不止。

1. 喜歡玩具的狗狗最容易掌握這個技能。透過取物（→P.22）遊戲讓狗狗興奮起來。

口令
藏起來

2. 在遊戲區域設置一個大的物件，比如一張側立的野餐桌。先讓狗狗看到食物，然後把食物扔到桌子後面，並跟狗狗說「藏起來」。狗狗跑到桌子後面時表揚牠，並讓狗狗集中注意力，迅速把玩具扔到院子裡。玩具就是獎勵，而食物僅在引導狗狗到正確位置時使用。

3. 不再使用食物。指著桌子，發出「藏起來」的指令。如果狗狗沒有往桌子後面走，朝狗狗走去，繼續指著桌子說口令。你可能需要走到桌子前面，狗狗才會走到桌子後面。狗狗所在的位置不對的話，就不要給予玩具獎勵。玩具就是狗狗的動機，狗狗越想要玩具，學得就越快。

4. 一旦狗狗學會藏在桌子後面，就可以換別的物體訓練。指著一棵樹或建築物一角，讓狗狗去藏。

• 疑難解答

我的狗狗對玩具不感興趣怎麼辦？

那牠對食物感興趣嗎？讓狗狗藏起來，然後扔一塊食物給狗狗。一定要把食物扔給狗狗，而不是讓狗狗跑回來向你要，因為這樣會鼓勵狗狗離開藏身地點。

• 小提醒！

摘下太陽眼鏡。眼神交流是訓練的關鍵。

預期效果：

也許你早已看到狗狗跟蹤獵物時會隱藏自己。喜愛玩具的狗狗幾週內就能學會。獎勵的前提是狗狗要藏好，否則，狗狗可能會養成窺視或緩慢向前走的壞習慣。

2. 把食物扔到桌子後面，跟狗狗說「藏起來」。

3. 不再使用食物，指著桌子對狗狗說「藏起來」。

狗狗完成後，用玩具獎勵。

猜猜哪隻手？

訓練內容：

握緊拳頭，讓狗狗聞聞並猜測食物在哪隻手裡。

1 使用味道濃郁的食物，比如熱狗。不要把食物握得太緊，露出一點來。把兩個拳頭伸到狗狗胸前，問狗狗「哪隻手」，鼓勵狗狗「拿去」。

口令
哪隻手？
手勢

2 當狗狗對握有食物的拳頭感興趣時，不管牠是用鼻子嗅，還是用爪子抓，你要馬上跟狗狗說「不錯」，並攤開手心把食物給狗狗。用另一隻手握住食物再訓練。

3 如果狗狗猜錯了，跟牠說「哎呀」。攤開手，讓狗狗看到手裡什麼也沒有，並停止訓練。停頓30秒，讓狗狗感受一下選錯的後果，再從頭訓練。

4 增加難度：用手完全握住食物，僅留一條縫給狗狗嗅。

5 狗狗能持續選對答案時，訓練狗狗改用爪子抓拳頭來示意牠的選擇。讓兩隻拳頭接近地面。當狗狗用鼻子做出選擇時，把另一隻手背到身後，鼓勵狗狗用爪子觸碰正確的那隻手，並對狗狗說「拿去」。

預期效果：

這一技能涉及兩項狗狗最愛的事情：用鼻子嗅與獲得食物！狗狗通常學得很快，但要達到較高的準確率還需要狗狗保持冷靜、認真對待。

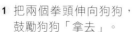

1 把兩個拳頭伸向狗狗，鼓勵狗狗「拿去」。

2 猜對時獎勵狗狗。

- ● 疑難解答

我覺得狗狗只是在猜

迫不及待的狗狗先看到哪隻手就抓哪隻手。試著把拳頭舉到狗狗頭頂上，這樣狗狗只能靠鼻子嗅，而無法用爪子摳。狗狗把兩隻手都聞過後，告訴狗狗「等等」，然後把手放下來，並問「哪隻手」？

狗狗撓我的手

說「哎呀，住手！」讓狗狗知道你受傷了。為避免受傷，準備一副手套，直到狗狗學會這一技能。

- ● 提升訓練！

狗狗掌握這項技能之後，再學習猜豆子遊戲（→P.100），同時提供三個選項，以增加難度。

- ● 小提醒！

經常幫狗狗洗澡，預防皮膚病。

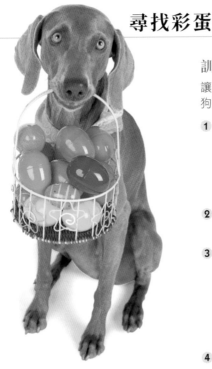

尋找彩蛋

訓練內容：

讓狗狗坐著不動，同時你把彩蛋或食物藏到房間各處。然後讓狗狗去找，找到越多越好！

1. 首先讓狗狗坐下不動（坐下→P.13；不動→P.16）。拿著食物湊到狗狗鼻子前面，發出「聞聞」的口令，暗示這將是牠需要尋找的氣味。把食物放到地上數呎之外，讓狗狗「去找」。狗狗找回食物後表揚牠。

2. 重複遊戲，但把食物放到更遠的位置。在給出「去找」口令前回到狗狗身邊，否則狗狗可能會在看不到你時偷偷起身。

3. 把食物放到外面另一個房間裡。許多狗狗會借機尾隨你進入房間（以為你察覺不到）。找一位朋友監督狗狗，或者再走回去看看，確保狗狗待著沒動。如果你的狗狗感到困惑，帶著狗狗一起跑向食物。狗狗進步後，把食物藏到更隱蔽的地方。此外，一定要看到牠成功，以免狗狗氣餒甚至放棄。試著把食物藏到高於地面的地方，比如咖啡桌或者台階上。

4. 每次在房間裡藏好幾塊食物，看牠能找到多少。

5. 換成彩蛋或球。把球湊近狗狗鼻子並說「聞聞」。藏到容易找到的地方，當狗狗找到後，鼓勵牠拿回來跟你交換食物。

口令
聞聞
去找

預期效果：

這是狗狗最愛的一項技能，因為狗狗喜歡用鼻子嗅並極為享受追蹤的過程！可藏蔬菜，蔬菜熱量低，又好藏，同時能帶來很多樂趣。狗狗一週內就能明白這個遊戲的規則。

「我超級喜歡這個遊戲！我知道所有藏匿地點，能在主人準備我的晚餐前找到所有的東西。」

- **學前準備**

  不動（→P.16）

- **疑難解答**

  我的狗狗很快就放棄了

  所選的道具是為了讓狗狗成功，而不是讓牠迷惑。慢慢來，讓狗狗相信自己的能力。狗狗會逐漸愛上挑戰。味道濃郁的食物更容易被找到。

  我可以用復活節彩蛋玩嗎？

  絕對可以！跟狗狗說「聞聞」，同時讓狗狗看看彩蛋。藏起來後，讓狗狗去找。注意：在把彩蛋放進籃子前，狗狗可能就會吃掉它。

- **小提醒！**

  保持開飯前藏8塊食物的習慣。這樣狗狗才會記住需要找出的食物數量，而你也能擁有片刻的安靜為狗狗準備晚飯。

1 把食物拿到狗狗鼻子前，讓狗狗「聞聞」。

把食物放到幾呎之外。

讓狗狗去找。

3 把食物放到另一間屋子裡，與狗狗一起跑著去找。

4 一次藏起多塊食物，看看狗狗能找出多少。

5 把食物換成球，藏起來讓狗狗去找。

狗狗找回球後，給予獎勵。

套圈

訓練內容：

狗狗把圈套到垂直杆上。

1. 輕拍垂直杆，讓狗狗靠近並對牠説「目標」（→P.143）。反覆練習觸杆幾次，每當狗狗完成後就獎勵牠。

口令
套圈

2. 從游泳池用品店買幾個塑膠圈。遞給狗狗一個，讓狗狗叼住（→P.22）。讓狗狗咬住圈的上部，環住下巴。

3. 狗狗嘴裡叼著圈時，給狗狗發出「目標」的指令。

4. 當狗狗嘴裡叼著圈碰到垂直杆時，在垂直杆的正上方給狗狗食物，發出口令指導狗狗把嘴裡的塑膠圈放下（→P.24）。不管塑膠圈是否套在杆上，都要給予獎勵。

5. 狗狗有進步後，提高要求，只有把圈套在杆上時再獎勵。敲擊杆讓狗狗集中注意力，用食物引導狗狗把頭向前伸，直到塑膠圈能套住杆。對狗狗説「放下」。當塑膠圈套到杆上時，馬上表揚並獎勵狗狗。如果沒套上，則對狗狗説「哎呀」，並重新嘗試。

6. 狗狗掌握了這項技能之後，要求狗狗從地上或從另一個杆上取圈，而不是從你手上拿圈。狗狗可能會叼住圈的下部，環住鼻子，從而導致套不進去。訓練與犯錯會讓狗狗最後明白，要叼住圈的上部才行。叼住下部時，狗狗會鬆嘴，讓圈向下轉過來環住下巴。狗狗很聰明的！

預期效果：

雖然這一技巧看起來很難，但狗狗的表現往往會超出你的預期。剛開始，每節課大概練習5次即可，因為時間長了狗狗會有挫敗感。記住，狗狗成功地完成一次訓練後再結束整個練習。

- **學前準備**

  叼物（→P.22）
  觸碰目標（→P.143）
  放下（→P.24）

- **疑難解答**

  我的狗狗把圈套上後馬上又拿下來了

  > 狗狗太激動了，忘了鬆嘴放開圈。當狗狗把圈套到一半時，用手指抓住杆的頂部，防止圈被狗狗拿回去。狗狗很快就能明白你的用意。

- **提升訓練！**

  這個技能可以進一步演變成向零錢罐丟硬幣，或者把圈套在你的手臂上。

訓練步驟：

1 把杆做為目標。　　　　**2** 把圈朝上遞給狗狗。　　　　**4** 把食物舉到杆的頂端。

5 讓狗狗保持對杆的注意力，直到
圈的下部套住杆。

命令狗狗「放下」圈。

狗狗將圈套在杆上後給予獎勵。

6 讓狗狗從另一個杆取圈。

變換玩法，比如，改為你用手舉著杆。

猜豆子遊戲

- **學前準備**

  尋找彩蛋（→P.96）

  有幫助的動作：猜猜哪隻手（→P.95）

  有幫助的動作：握手（→P.20）

- **疑難解答**

  可以用杯子取代花盆嗎？

  > 黏土花盆的重量與外形都能防止被狗狗輕易弄翻，而且它的底部有氣孔，散發出的氣味能把狗狗的注意力吸引到盆底上，從而降低了花盆從桌子上滑落的風險。杯子則容易在狗狗抓撓時翻倒或摔碎。

- **小提醒！**

  控制當作獎勵的食物數量，如果超過了，晚餐就要少給一些。

訓練內容：

這個遊戲源自一個經典的騙術：桌上倒扣著三個杯子，其中一個下面放著一顆豆子。騙子來回快速移動杯子後，參與者下注打賭豆子究竟在哪個杯子下面。再精妙的戲法也瞞不過嗅覺靈敏的狗狗，因為牠能聞出豆子到底在哪兒。

	口令
	去找

1. 先從一個黏土花盆開始訓練。用食物摩擦花盆內部，在花盆裡留下濃郁的味道。讓狗狗看到你把一塊食物放到地上並用花盆扣住。鼓勵狗說「去找」（→P.96），狗狗用鼻子嗅或者用爪子撓花盆時，表揚狗狗，並拿起花盆讓狗狗吃到下面的食物。

2. 當狗狗明白規則以後，按住花盆不動，持續鼓勵狗狗直到牠用爪子撓花盆。輕拍狗狗的手腕或者說「握手」（→P.20），讓狗狗明白需要使用爪子。狗狗的爪子一碰到花盆，就鬆手，打開花盆，取得食物做為獎勵。努力讓狗狗用爪子輕觸花盆，不允許牠把花盆撓過來。

3. 再增加兩個花盆，並在有氣味的花盆上做記號，這樣你就不會忘記到底是哪個！輕聲對狗狗說「去找」！拍打第一個花盆讓狗狗嗅，然後依次嗅第二個、第三個。狗狗爪子觸碰的花盆不對時，不要把花盆拿起，而是說「哎呀」，並鼓勵牠繼續找。狗狗反覆嗅三個花盆時，用你的音調讓牠保持冷靜。當狗狗對藏有食物的花盆表現出興趣時，激勵牠繼續。狗狗失去興趣時，快速拿起花盆並再扣上，讓狗狗看到下面的食物。當牠依次嗅花盆時，用手壓著花盆，以免花盆被狗狗撓翻。

4. 把花盆放在較低的桌上，準備接受更難的挑戰。把食物放在一個花盆下並來回挪動花盆。狗狗應該用爪子輕觸藏有食物的花盆。

預期效果：

嗅覺遊戲可能會讓狗狗感到大費腦力。因此，耐心對待狗狗的消極反應。每節課多練習幾次，並以成功的一次做為結束。

訓練步驟：

1 把食物放在一個花盆下面。狗狗用鼻子
嗅時，拿起花盆。

2 按住花盆不動，直到狗狗用爪子觸到花盆。

3 再加兩個花盆。按住花盆不動，
讓狗狗依次嗅。

狗狗失去興趣時，快速拿起並再扣
下花盆，讓狗狗看到食物。

4 在較低的桌子上移動花盆。

狗狗用爪子輕觸花盆，指出哪個花盆藏有食物。

蓄勢待發

訓練內容：

你可能已經觀察到自家狗狗捕食前蓄勢待發的本能行為。每當這時，狗狗全身緊繃、尾巴豎起、全神貫注，同時一條前腿抬起，爪子向內彎曲。

1. 這個動作不屬於常規訓練，而是在你觀察到狗狗自然地表現出類似行為時進行訓練。比如，發現狗狗目不轉睛盯著一隻鳥時，你可以蹲下身，彷彿和牠一起狩獵，並輕聲對牠說：「這是什麼呀？想得到牠嗎？」這會讓牠保持緊張狀態。靠近目標，但別走在狗狗前面，避免狗狗衝出去。你的目的是讓狗狗盡可能長時間保持警覺。

口令
準備

2. 在更刺激的室外環境訓練。將狗狗最愛的球扔出幾公尺遠，激發出牠內在的衝動；同時，抓住牠的項圈。讓狗狗待著不動（→P.16），這時盡量少說話，以免讓牠分心。

3. 一面向球走去，一面看著狗狗，示意牠不動。同時可以透過拍球激發狗狗的興趣。說出解除口令「OK」，示意狗狗可以撲向獵物了。由於解除口令是隨機發出的，因此，狗狗會學習繃緊身體以便隨時撲向預期的突襲方向。

4. 狗狗有進步時，輕撫狗狗尾部下端，輕拍狗狗的爪子，鼓勵狗狗保持正確姿勢。

預期效果：

運動犬和獵性高的狗狗能輕鬆學會這項技能，但溫和的狗狗可能從來不會表現出這種行為。

- **學前準備**
  有幫助的動作：不動（→P.16）

- **疑難解答**
  這種訓練會不會鼓勵狗狗去追小動物？

  蓄勢待發和追逐截然不同。搜尋和蓄勢待發都屬於自我獎勵的動作，而追逐則不然。

1. 注意你的狗狗什麼時候會本能地對某樣東西保持警覺並凝視。

2. 抓著狗狗的項圈並扔出玩具。

4. 鼓勵狗狗保持正確姿勢。

3-2-1 跑!

訓練內容:

當你從3開始倒數時,你跟狗狗都要保持不動。發出「跑」的口令後,你和狗狗一起衝出去,與之伴隨的是人叫聲、犬吠聲,當然還有你家裡的「浩劫」。

1 當狗狗興奮愉悅時,讓牠站在你左側,並用手抓住牠的項圈。蹲下來準備衝刺,並拉長聲音說「3……」。

口令
3-2-1 跑

2 狗狗可能非常興奮並試著往前衝。抓住牠的項圈,告訴牠待著不動(→P.16)。用訓練而非命令的語氣對牠說,這樣狗狗在被放開後仍然會保持興奮。

3 繼續說「2……1」,然後鬆開牠的項圈大聲喊「跑」!並從牠身邊快速衝出。沒必要給狗狗食物,因為遊戲本身就是獎勵。

4 嘗試在喊「3-2-1」的過程中不抓狗狗的項圈,但要讓牠待著不動。如果狗狗往前衝了,停止遊戲,命令狗狗回來。重新開始數「3-2-1」。

預期效果:

身為一種聰明的(或者說狡猾的)動物,在了解「3-2-1,跑」的模式後,狗狗經常在你發出指令前1秒鐘衝出去。這是一個用來加強訓練「不動」的好運動。

- **學前準備**
  不動 (→P.16)

- **疑難解答**
  我的狗狗變得異常興奮!

  做這個遊戲時,狗狗可能會欣喜若狂,變得野性放任從而傷害到自己或你。因此,要對周圍環境保持敏感。在敏捷度比賽或者進行更多訓練前,可以藉由這個遊戲讓狗狗熱身。

4 當你說「3……」時讓狗狗待著不動。　「2……1……」。　說「跑!」時放開狗狗。

第七章

跳躍與接物

合作指的是，你跟狗狗進行同步的跳躍和接物遊戲。你跟狗狗要相互合作地完成表演，因此雙方要建立信任與理解。你得到的獎勵不在別處，就在你們訓練的過程中；衡量成功的標準是你的微笑，是狗狗愉快的叫聲和牠輕搖的尾巴。

　　狗喜愛跳躍——這是一種令人興奮和自我獎勵的行為。跳起接物會讓觀眾看到狗狗的速度、優美動作、協調能力與運動能力，給他們留下深刻的印象。狗狗在跳躍的時候是幸福的，而觀眾也會情不自禁地被狗狗對生活的熱愛所感染。

　　狗狗的健康狀況不佳或者生病受傷時，跳躍運動就是一項費力、痛苦的訓練。密切關注狗狗的身體狀況，並記得讓狗狗做拉伸、熱身以及放鬆動作。訓練要量力而為，不要鼓勵狗狗跳得太高；同時要控制狗狗的姿勢，以便於狗狗跳起與落地時身體保持平直。

跳杆

訓練內容：

狗狗將學習如何跳杆。

1. 搭建一個跳杆，或者用兩把椅子和一把掃帚自製一個跳杆。為了安全起見，跳杆不要固定死，在被碰到時能掉下來。小型犬跨越的杆的高度：3～6吋(7.5～15公分)，中型犬：12～18吋(30.5～46公分)。

2. 替狗狗繫上牽引帶，跟狗狗一塊朝跳杆跑去。一面激動地說「跳」，一面跟狗狗一起跨欄。成功後表揚狗狗。狗狗很不情願時，把杆放在地上，然後跟狗狗一起邁過去。盡量避免拉著狗狗硬跳，要多鼓勵牠。

3. 狗狗的信心提高後，逐漸增加杆的高度。嘗試讓狗狗從不同的位置跳杆。讓狗狗站著不動（→P.16），從跳杆的對面叫牠，或者站在跳杆一側示意狗狗跳。還可以讓狗狗跳8字形：跳過，然後從左側繞回來，再跳，再從右側繞到你身邊。

預期效果：

大多數狗狗都很享受跳躍的過程，並在得到足夠的鼓勵下能輕鬆完成跳躍。狗狗幾天內就能成為跳躍能手！

• **疑難解答**

我的狗狗被杆絆倒過一次，之後就不敢跳了

狗狗能否忘掉這段經歷完全取決於你。鼓勵狗狗「別放在心上」，並保證杆在被碰到後能落下，同時地面不能太滑。把容易纏住狗狗的牽引帶換成短一點的繩子。

• **提升訓練！**

以這項技能為基礎，教狗狗從背後跳過（→P.108）。

2 牽著狗狗，跟著牠一起跳。

3 逐漸提高杆的高度。

站在跳杆對面叫狗狗跳過來。

跳過膝蓋

訓練內容:

單膝跪地,讓狗狗躍過你抬起的膝蓋。

1 讓狗狗站在你左側。左腿跪地,右腿前伸,右腳頂牆。用食物引誘狗狗從你的腿上跳過。狗狗跳過去時,說出「跳」的口令。狗狗試圖從你的腿下鑽過去時,把腿壓低一些。

口令
跳

2 把腿抬高一點。腳踝的位置最低,狗狗最可能從腳踝跳過,因此,食物要盡可能靠近你的身體,引誘狗狗從大腿位置跳過。語氣要熱情一些,這會鼓勵狗狗跳得更高。

3 左腿跪地,右腿大腿與地面垂直,膝蓋頂住牆。如果狗狗想從腿下鑽過去時,慢慢引誘牠,讓牠把前爪先放在你的大腿上,在這個位置,允許狗狗咬到食物。然後,把食物拿遠一點,並充滿熱情地說「跳」,誘導狗狗完成跳躍。

4 膝蓋不再頂著牆。右手臂往外甩一下,示意狗狗從你膝蓋上跳過。

預期效果:

對狗狗來說,這是一個有趣的遊戲,並且大多數狗狗都能掌握。在狗狗精力充沛時訓練,一兩週之內牠就能學會。

- **提升訓練!**
  跳過膝蓋是學習跳進我懷裡 (→P.110)的第一步!

- **小提醒!**
  首先讓狗狗在你身後繞一圈 (→P.164),準備第二次跳躍。

1 引誘狗狗從你伸直的腿上跳過。

2 把腿抬高點,讓狗狗再「跳!」

3 單膝跪地,膝蓋頂牆。

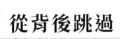

從背後跳過

訓練內容：

你蹲下後，狗狗從你背後一跳而過。這樣的表演與合作會給觀眾留下深刻印象。

1. 狗狗從杆上跳過（跳杆→P.106）時，你要站在支架一旁。杆的高度大約是24吋（61公分）。

2. 這一次，在支架旁蹲下。

3. 雙手與雙膝著地，跪在橫杆下面，指導狗狗跳過。狗狗不情願時，請朋友鼓勵牠跳過。狗狗在學習本技能的過程中，遇到任何困難都要返回前一個步驟。

口令
跳
手勢

4. 把杆從支架上拿下來，但你要在兩個支架間保持姿勢不動，讓狗狗再次跳過去。在有杆與無杆下交替訓練。

5. 繼續訓練。把支架放倒在地，讓狗狗從你身上跳過。

6. 把跳杆和支架都拿掉。狗狗如果困惑的話，可以把杆放在背上做為視覺提示。

7. 狗狗能熟練地從你身體跳過後，背對狗狗站著，雙臂展開，扭頭對狗狗喊「跳」。狗狗朝你跑過來時，在最後一秒蹲下身體，讓狗狗跳過去。表演得太精彩了！

學前準備

跳杆（→P.106）

疑難解答

我的狗狗跳到我背上了

有的狗狗喜歡跳到主人的背上，而另外一些狗狗會盡力避免碰到主人的背。跟狗狗合作找出最適合你們的方法。

提升訓練！

以這個動做為基礎，學習翻觔斗/倒立（→P.112）。

小提醒！

每節課都設一個要達成的目標。

預期效果：

運動犬在幾週之內就能從你身上跳過。確保狗狗起跳和著地時有良好的附著摩擦力，讓牠能控制好自己的跳躍。每跳完一次，透過觸碰目標（→P.143）讓狗狗回去，以確保狗狗總是沿著直線跳躍。每天重複跳幾次，就足以讓狗狗掌握這項技能，並且不會讓狗狗體力耗損過大。

1 讓狗狗跳過24吋（61公分）高的跳杆。

2 狗狗跳時，蹲在支架旁邊。

3 雙手與雙膝著地，趴在橫杆下。狗狗不願意跳時，請朋友鼓勵牠。

4 保持姿勢不動，但是把杆去掉。

5 把支架放倒在地。

6 移開跳杆和支架，但杆還是放在背上，當作讓狗狗跳躍的提示。

跳進我懷裡

訓練內容：
狗狗朝你懷裡跳時，在半空中接住牠。

向前跳（小狗）：

口令	
跳	
手勢	

1. 坐在椅子上，拍自己的大腿，跟狗狗說「跳」，鼓勵狗狗跳到你膝上。玩具或者食物有助於鼓勵狗狗。一定要確保安全地接住牠，並給予表揚和獎勵。如果狗狗喜歡被你接住，那就把這當成是對牠的獎勵。

2. 逐漸從椅子上站起來。你的背要靠著牆，讓狗狗相信你的姿勢很穩，讓牠能夠把你的大腿當作跳台。

3. 狗狗有了信心以後，離開牆壁。膝蓋稍彎，為狗狗提供一個跳躍的斜坡，確保每次都能安全地接住牠。

- **學前準備**
  跳過膝蓋（→P.107）

- **疑難解答**
  狗狗跳過來時，我沒接住牠……

  | 狗狗做這個動作時，給了你很大的信任，相信你能安全地接住牠。重新練習基本動作，注意每次都要安全接住狗狗。

  我的狗狗活力不足

  | 如果狗狗喜歡玩具，那玩具就比食物更能激發狗狗的熱情。用玩具誘導狗狗。狗狗跳起時，把玩具扔出去，然後接住狗狗。

- **小提醒！**
  透過激發狗狗熱情，你自己也會充滿了熱情。

1. 鼓勵狗狗跳到你膝蓋上。

完成後表揚牠。

2. 靠在牆上。

3. 膝蓋稍彎。

訓練步驟：

從側面跳（小狗或大狗）：

1 讓狗狗跳過膝蓋（→P.107）。右腿跪地，左膝抬起，並讓狗狗站在你右側。左手舉高並做為狗狗的目標。必要時，可以使用玩具。

2 輕抬跪地的右腿，讓膝蓋離地。

3 右腿進一步抬高，直到狗狗跳到的最大高度恰好可以被你接住。狗狗跳到最高時，雙手輕觸狗狗，此時的位置就是稍後接住牠的位置。不要嘗試第一次就完全接住牠，因為這會嚇到狗狗。逐漸增加你抓住狗狗的力量和時間，一定要沿著狗狗跳躍的弧線輕觸牠，然後放開狗狗，讓牠跳到地上。

4 最後，狗狗跳到最高點時接住牠，並順勢而下。接住時用力要均勻，避免對狗狗的脖頸或腹部用力過大。

預期效果：

要學會這個動作，狗狗需要很好的體能，同時對你的身手有信心。有一些狗與主人的組合，可能永遠無法完成這個動作。

1 讓狗狗從你的膝蓋上跳過。

2 跪著的膝蓋逐漸抬高。

3 狗狗跳起後輕觸狗狗。

4 在狗狗跳到最高點時接住牠。

翻觔斗／倒立

訓練內容：

在你翻觔斗或者倒立時，狗狗從你兩腿間跳過去。這一令人嘆為觀止的動作，需要你跟狗狗的精準同步以及彼此間的完全信任。

翻觔斗：

口令
翻觔斗

1. 狗狗已經學會如何從你背後跳過去（→P.108）。現在，跟狗狗配合，讓狗狗從你正面跳過去。在狗狗面前蹲下，伸開雙臂，身體偏向一側，但頭微微抬起以和狗狗進行眼神交流。

2. 加一個翻觔斗慢動作。向狗狗走去，手臂舉起伸直，稍後這會成為指導狗狗的手勢。蹲下跟狗狗說「翻觔斗，跳！」狗狗跳過去後，你雙手著地，肩膀伸展，下巴埋在胸前，頭埋在手裡，做前翻動作。這一步要練習幾週時間，因為與狗狗肢體的任何碰撞都將導致狗狗在學習上的退縮。

3. 現在，讓狗狗在你前翻的過程中跳過去。狗狗要計算速度和距離，因此，起初可能跳不成功。把鞋脫掉，以免碰到狗狗。連續緩慢地翻觔斗。狗狗在起跳時退縮的話，再試一次。狗狗成功後要大力表揚。

4. 最後，把你的腿叉開成一個V字形，讓狗狗跳過去！最初，狗狗因猝不及防，可能會碰到你分開的雙腿。在翻觔斗時可以叉開腿，並在翻的過程中一直保持叉開狀態，讓狗狗逐漸熟悉這個姿勢。

- **學前準備**
  從背後跳過（→P.108）

- **提升訓練！**
  讓狗叼著指揮棒跳（→P.114）！

- **小提醒！**
  倒立時穿上防護裝備。

① 面對著狗，讓牠從你身上跳過。

② 狗狗從你身上跳過後完成翻觔斗動作。

③ 嘗試在狗狗跳的過程中翻觔斗。

用手倒立：

1 單獨練習倒立。邁出弓箭步，雙手向上伸展並略向前方傾斜。前腿向前蹬，雙手著地，後腿反方向抬起。最終，足部朝天，雙腿叉開成一個大V字，以便狗狗從分叉處跳過去。腦袋向地板靠近，下巴貼近胸部，完成前滾翻動作。

2 脫掉鞋！從翻觔斗開始，慢慢提高翻的高度。第一次倒立時，在雙腳向上伸直前，頭頂要放低，接近地面。

預期效果：

很少有狗狗和教練能完成這個動作。因為這個動作涉及身型大小、彈跳能力、自信以及信任等問題。克服這些問題後，你的狗狗將掌握一項最棒的技能。

1 倒立從弓箭步開始。　　雙腳朝天　　頭放低，收起下巴　　向前翻　　完成。

跳指揮棒

• **學前準備**
　跳杆（→P.106）
　叼物（→P.22）

• **小提醒！**
　狗狗的安全是最重要的。多花點時間觀察場地、檢查道具、察看狗狗是否受傷，並將任何可能出錯的地方都考慮周全。

訓練內容：

狗狗嘴裡叼著牠的指揮棒，從你手上的指揮棒跳過去。有創意的動作能將這一技能升級為真正的馬戲表演。

1 讓狗狗跳杆（→P.106）熱身。站在跳杆旁，手臂向遠處揮動，示意狗狗跳過去。

2 把支架拿掉，只留下跳杆。用離狗狗近的一隻手拿著杆，並保持水平。給狗狗發出「跳」的口令，同時另一隻手拿著食物引誘狗狗。如果狗狗想繞過跳杆，則把跳杆的另一端頂著牆。

3 連續跳幾次。每次跳完都改變你身體的姿勢。裝飾跳杆，或者用一根色彩鮮豔的指揮棒。

4 讓狗狗也叼一根牠的指揮棒。選擇狗狗願意叼在嘴裡的物品。比如，用彩色絕緣帶包裹的軟管或下水管，或者是寵物店賣的帶網球紋的飛棍。把「指揮棒」這個詞和實物關聯起來。讓狗狗叼著它（→P.22）從你手上的指揮棒跳過！

口令
跳
指揮棒

預期效果：

狗狗在幾週之內就能掌握跳指揮棒的基本動作。但是，每次變換姿勢都需要學習一段時間，因為你跟狗狗都需要時間適應。這樣的合作真的是一種親暱體驗。

「有時，我不想叼著指揮棒，所以我把它吐了出來。有時，我用嘴角叼著指揮棒的一端。」

1 揮動右臂，示意狗狗跳過跳杆。

2 杆的另一端頂住牆壁，並引誘狗狗跳過去。

3 用色彩鮮豔的指揮棒，並嘗試
  不同的身體姿勢。

4 製作一支讓狗狗容易叼的指揮棒。

跳繩

訓練內容：

與正常跳繩一樣，狗狗隨著擺動的繩子跳起落下。你和狗狗一起跳繩時，可以讓另外兩個人搖繩，或你拿著繩子兩端自己搖。

1. 讓狗狗在門墊或者地毯上待著不動。練習雀躍（→P.173），讓狗狗落在墊子上。逐漸拉開和狗狗的距離，以便狗狗繼續在墊子上跳時，你可以站在幾尺遠之外訓練。

口令
跳

2. 準備一條7呎（2公尺）長、比較輕的繩子。把繩子一端綁在齊腰高的物體上。讓狗狗站在墊子上，慢慢地前後搖擺繩子，讓狗狗逐漸適應。

3. 發出雀躍的口令「跳」，並嘗試在狗狗起跳後讓繩子從牠身下擺過。不要嘗試用繩子甩整圈。剛開始時，狗狗跳起後就給獎勵，不管繩子是否能從狗狗身下繞過去。狗狗要適應繩子的節奏。同時，你發出指令的時機對跳繩成功與否至關重要。

4. 狗狗成功完成一跳以後，就可以練習第二跳了！狗狗在空中停留時間較長或者身材較小時，可以搖慢一些。慢慢搖繩，讓繩子從狗狗身下擺過。

預期效果：

即使學得快，也需要幾個月才能掌握。你跟狗狗能否同步是成敗的關鍵，但讓你和狗狗達到一致的節奏，需要一定的適應時間。練習時間不要太長，這樣才能保持狗狗的熱情。終有一天，你會發現狗狗學會跳繩了！掌握了繩子一端固定的跳法後，請再嘗試雙手握著繩子兩端與狗狗面對面跳繩。

• 學前準備
雀躍（→P.173）

• 疑難解答

狗狗面朝我往前跳，結果沒落到墊子上

┃ 狗狗要跳起來時，朝牠移動一下墊子，讓狗狗向後退。落在墊子上時獎勵。

我的狗狗跳得不夠高，不能躲開繩子

┃ 試著用呼啦圈或者棍子練習。這樣要是跳得不高，狗狗就能感覺到有東西碰到牠的腳踝了。

1 練習雀躍，讓狗狗落在墊子上。

2 讓狗狗熟悉一下繩子。

3 給出口令讓狗狗雀躍，並讓繩子從牠身下擺過。

4 再加一條繩，或者再加一隻狗！

追叼飛盤

訓練內容：

狗狗追叼飛盤能激發牠的捕食動機。

1. 使用專門為狗設計的飛盤，比如Hyperflite®和Frisbee®的軟塑膠飛盤，或者有彈性的Aerobie®Dogobie，或者Soft Bite Floppy Disc®飛盤。硬塑膠飛盤可能會傷到狗狗的嘴或牙齒。食指往前伸一點，手指彎曲，捏著飛盤內側邊緣，並保持水平。肩膀與目標保持垂直，往懷裡收飛盤，朝目標邁一步，手臂呈環狀。猛收手腕與肘部，把飛盤拋出。

2. 不讓狗狗輕易得到飛盤——把飛盤藏起來提高對狗狗的吸引力。狗狗想玩時，用手指在地上旋轉飛盤。狗狗表現出興趣時，像輪子一樣把飛盤滾出去。在狗狗興致高昂時結束遊戲訓練。

3. 狗狗追逐飛盤時，透過拍手以及過來（→P.17）的口令，鼓勵狗狗把飛盤拿回來。如果狗狗沒有過來，別追牠，轉過身去不理牠。

4. 沿較低的水平方向拋出飛盤，讓狗狗在半空中接住。不要直接朝狗扔去。

5. 狗狗回到你身邊後，讓牠把飛盤放下（→P.24）。試著用兩個完全一樣的飛盤練習，並在狗狗放下一個後馬上扔出第二個。

口令
飛盤／叼住

預期效果：

本技能可能需要數月時間才能學會。因此，狗狗不能馬上掌握時，不要氣餒。此外，不到14個月大的狗狗不能跳起來叼飛盤。所有狗狗都要經獸醫檢查健康狀況。狗狗跳起來後應該四爪先著地，而不是垂直落下來，否則，狗狗的脊椎和後膝會受到傷害。

• **提升訓練！**
提高難度，訓練跳膝追叼飛盤（→P.120）！

• **小提醒！**
30～50英鎊重的牧羊犬是追叼飛盤的天才！

「我喜歡追逐飛盤。我跳起來叼住牠，彈無虛發！」

訓練步驟：

1 最好是沿較低的水平方向投擲飛盤。與地面平行抓住飛盤，食指稍微伸開，手指彎曲，捏著飛盤內側邊緣，讓飛盤水平扔出。

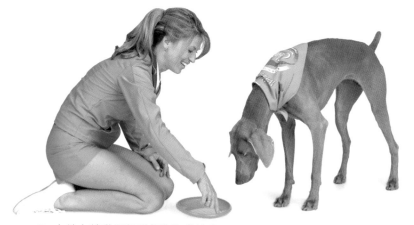

2 在地上轉動飛盤引起狗狗的注意。

把飛盤滾動出去。

4 訓練狗狗半空追叼飛盤。

跳膝追叼飛盤

訓練內容：

狗狗越過你抬高的大腿去追叼飛盤。

1 首先，把狗狗學會的兩個動作結合起來：追叼飛盤（→P.118)與跳過膝蓋（→P.107）。如果你不是左撇子，左腿著地，右腿立起成拱形，讓狗狗站在你的左側。手拿飛盤敲打自己大腿，然後往右上方舉起飛盤。鼓勵狗狗把你的大腿當成跳台去搆飛盤。

2 狗狗躍過你的腿想從你手上搆飛盤時，把飛盤扔出去，但不要太遠。記住，先用飛盤敲自己大腿發出信號。

3 像火鶴鳥那樣站起來，腳跟頂住小腿。先讓狗狗從你手上接住飛盤，然後讓牠追叼扔出去的飛盤。慢慢地，狗狗就能在空中接住飛盤。

口令

飛盤或叼住

手勢

預期效果：

扔飛盤的時機與位置是這一技能訓練的關鍵。這對你和狗狗而言都是一個學習的過程。在狗狗意猶未盡時結束訓練，從而保持狗狗進一步學習的積極性。

• **學前準備**
追叼飛盤（→P.118）
跳過膝蓋（→P.107）

• **提升訓練！**
掌握了跳膝追叼飛盤後，嘗試越過胸前或背後追叼飛盤！

• **小提醒！**
體育用品店的護腿帶，能保護你在訓練時不被狗狗抓傷。

1　讓狗狗站在你的左側，同時右腿成拱形。　　　　　讓狗狗從你膝頭越過去接飛盤。

2 剛開始，飛盤扔得不要太遠。　　　　3 像火鶴鳥那樣站起來，讓狗狗越過你的膝頭追叼飛盤。

第八章

跳 圈

狗狗信心十足地跳過滾動、旋轉或者用紙條裝飾的圈，而跳火圈（實際上是鑲著橘色絲帶的呼啦圈）與勇敢的狗狗，無疑是絕配。

跳圈的最大好處，是任何種類的狗狗都能學會與之相關的動作。同時，只要稍微有點想像力，就能從跳圈演變出多不勝數的招數：跳過滾動的圈、手臂圍成的圈、地上的圈、背上的圈、從圈上跳過去、從圈下跳過去、小圈、大圈，甚至是連跳雙圈。

一旦學會，狗狗就永遠不會忘記這個本領。此外，狗狗很容易把圈圈和其他圓形的物體聯繫起來，比如敏捷訓練中的輪胎障礙物，甚至是手臂圍成的圈。不管在哪裡，你都可以即興設計跳圈表演，讓狗狗取悅你的朋友。

簡單

跳呼啦圈

訓練內容：

狗狗從你手上或固定在某個位置的呼啦圈一躍而過。

1 把呼啦圈上發聲的環珠取下，避免嚇到狗狗。手拿圈圈支在地上。一隻手盡量靠近狗狗，跟狗狗說「跳」。另一隻手拿著食物，引誘狗狗鑽過去。狗狗鑽過去時，獎勵狗狗食物。有些狗狗第一次會害怕。這時，可以用牽引帶拉著狗狗過去。為防止狗狗從圈外繞過，可以把圈圈放到門口。

口令

跳

2 狗狗明白了怎麼回事以後，把圈圈拉高一點，離開地面。有時狗狗會被圈卡住，一旦遇到這樣的情況，就要立刻把狗狗從圈裡「解救」出來。

3 假設狗狗有足夠的體能，把圈舉得再高點，讓狗狗只能跳著鑽過去。嘗試讓狗狗助跑，或者把食物舉到圈的另一側，引誘狗狗向上跳過。一定要把食物往狗狗前方扔，以防止狗狗跳到空中扭頭時受傷，不要讓狗狗扭頭找食物。

預期效果：

狗狗通常幾週內就能掌握這個動作，而且玩得很起勁。把呼啦圈裝飾一下，同時選擇有創意的地點，可以增加表演的觀賞性。

• 疑難解答

圈圈落到狗狗身上，狗狗害怕了！

狗狗會受你情緒的影響。不要溺愛你的狗狗，往下進行即可。

• 小提醒！

結束訓練時，可以讓狗狗做一個已學會的動作，狗狗做得好並獎勵牠。這樣可以讓狗狗始終保持訓練的熱情。

1 用食物引誘狗狗鑽過。　　2 把呼啦圈舉高。　　3 狗狗跳起後扔出食物。

跳手臂圈

• **學前準備**

跳呼啦圈（→P.123）

• **疑難解答**

我的狗狗塊頭太大，從手臂裡鑽不過去

> 兩手距離拉大，或者兩手之間拿根繩，從而圍出個更大的圈。

我的狗狗會跳呼啦圈，但不願意跳手臂圈

> 如果過於靠近你的手臂或頭，有些狗狗在跳過時就會緊張。嘗試交替練習跳呼啦圈與跳手臂圈。

• **提升訓練！**

狗狗掌握了這一技巧後，距離跳背部呼啦圈（→P.130）就不遠了。

• **小提醒！**

狗狗意外傷害到你時，不要表現出來。狗狗會因為怕你受傷而不願再表演這個動作。

訓練內容：

狗狗從你手臂環成的大圈裡跳過。

1 跳幾次呼啦圈（→P.123）熱身。

2 在狗狗跳圈的過程中，逐步用雙臂環繞呼啦圈。注意頭不要擋到狗狗起跳的位置。

3 繼續練習同樣的動作。這次，不要用呼啦圈，只用手臂圍圈讓狗狗跳。大狗跳時，手要分開些。狗狗不情願時，返回接著跳呼啦圈。

4 要學會創新，狗狗可以從手臂或腿圍成的圈跳過。

口令
跳
手勢

預期效果：

學習這個技能時，狗狗可能今天進步了，明天又退步了。即使第一天能跳過手臂圈，第二天可能還需要先跳呼啦圈暖身一下。

1 跳呼啦圈熱身。

2 展開雙臂環繞呼啦圈。

擴大臂彎時，頭不要防礙狗狗跳圈。

4 用身體其他部位圍成圈，
讓狗狗跳過去。

跳雙圈

- **學前準備**

  跳呼啦圈（→P.123）

- **疑難解答**

  狗狗每次都碰到圈，不能順利地跳過去怎麼辦？

  | 你的狗狗是在逃避做這個動作。狗狗起跳前往後退一小步，鼓勵狗狗用力跳。

- **小提醒！**

  狗狗總是從你左邊開始跳，這意味著狗狗的跳圈習慣是順時針方向。

「有時候，我穿著閃亮的披肩在馬戲團表演。馬戲團有很多花生可以吃，我喜歡花生。」

訓練內容：

狗狗連續從你兩隻手裡的圈跳過。

1 站在狗狗面前，左手拿著食物放到背後，同時右手把圈放到身體右側。跟狗狗說「跳」。狗狗完成後，左手從背後給狗狗食物。

口令
跳

2 左手拿圈，從反方向練習跳圈，但要把食物舉到身前獎勵狗狗（有一個裝食物的腰包會十分方便）。

3 練習連跳。兩手都拿上圈，透過頭的轉動給狗狗發出信號。把左圈靠在腿上，右手拿著圈舉到身體一側。眼睛看著右圈並稍微動一下圈，指導狗狗先跳過右圈。完成後，跟狗狗說「真棒」，但不要獎勵食物。相反，馬上把右圈靠到腿前，把左圈拿到一側，扭頭看著左圈，指導狗狗跳過去。完成這一跳後，獎勵食物同時放下圈。

4 嘗試三連跳。第二跳後，調整右圈的角度，將其對著狗狗，方便其第三跳。記住，用頭的轉向引導狗狗跳過正確的圈。一定要在狗狗跳過左圈後結束練習，因為這個位置能進行眼神交流，發生意外的機率比較小。

1 把圈舉到身體右側，從背後給狗狗食物。

2 把圈換到左手上，同時右手把食物拿到身前獎勵狗狗。

3 把左圈靠到腿前。

把右圈靠到腿前。

4 順著狗狗過來的方向調整右圈的角度，讓狗狗三連跳。

（待續）

跳雙圈（續）

• 學前準備
跳呼啦圈（→P.123）
有幫助的技能：繞腿步（→P.168）

• 疑難解答

我的狗狗跳左、右圈時都習慣順時針跳

跳過右圈後，狗狗應向左側轉身跳左圈，反之亦然。在該情況下，狗狗的尾巴一過右圈，就要迅速調換圈圈，狗狗慢慢就會明白——要跳過左圈，就要先向左側轉身。

• 小提醒！

注意！汽車防凍液對狗狗來說是致命的，即使幾滴也不行。狗狗通常會被防凍液甜美的味道吸引。

訓練內容：

一面走，一面讓狗狗從你手裡的圈來回跳過去。

① 這一動作跟繞腿步很相似（→P.168）。右手拿著圈豎靠在大腿上，讓狗狗從左邊開始跳圈。一面邁出右腿，一面跟狗狗說「跳」。

口令
跳

② 迅速把圈傳到左手上，左腿向前邁一步，把圈豎靠在大腿上。狗狗朝這個方向跳有困難的話，可以用右手扶住圈（倚靠在大腿上），左手拿食物引誘狗狗跳。持續練習，直到狗狗能在你前行的過程中來回跳圈。

③ 再準備一個圈。讓狗狗站在你的左側，左手的圈貼著身子放置，讓狗狗只能看到圈的一側邊緣。把右圈舉到右腿前，讓狗狗跳過去。狗狗跳過去後，變換位置，讓右圈靠著身體放置，同時邁出左腿。

④ 最後，保持兩個圈平行。一邊走，一邊先後伸出兩個圈，讓狗狗跳過去。收靠的圈要緊貼後腿，以防狗狗再次從中間跳過。

預期效果：

在訓練類似的技能時，你可能會意識到，沒辦法做手勢又要讓狗狗領會指令，是多麼困難！記住，眼神交流仍然是一個有力的溝通方式——盡量時常使用它。擅長跳呼啦圈的狗狗，幾週內就能掌握這個稍加變化的技能。

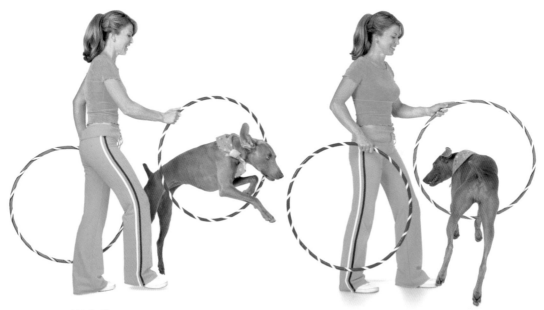

1 右手拿著圈，豎靠在右腿上。

2 往前邁左腿。左手拿著食物引誘狗狗跳過去。

3 暫時不用的圈要平靠在身前。

調換兩個圈的位置。

4 兩個圈要保持平行。跳過的圈收回緊靠後腿。

跳背部呼啦圈

訓練內容：

這個技能綜合了跳呼啦圈與從背後跳過這兩個動作。

1 找個大一點的圈，讓狗狗有足夠的空間跳過。首先跳幾個呼啦圈熱身。

口令
跳

2 單膝跪地，一隻手拿圈，另一隻手托著圈的底部，逐步讓自己的頭與肩膀伸進圈內。

3 雙膝跪地，頭低下。把圈套到自己胃部的位置，豎直朝上。扭頭看狗狗。

4 抬起一條腿，單膝跪地。雙手拿圈，雙臂張開。頭向下，圈豎直向上。

5 最後，讓圈從頭部套過去，和地面保持平行，然後平移到胃部位置。雙腳分開，身體保持平衡。雙手抓圈兩側，彎身俯視鞋子，同時圈豎直向上。

預期效果：

這一技能總會倍受稱讚。即便是換上小圈，狗狗也能從你背後跳過。

• 學前準備

跳呼啦圈（→P.123）
從背後跳過（→P.108）

• 疑難解答

狗狗碰到了我的腦袋

┃ 把頭低下。想跟狗狗眼神交流時，頭轉向一側。

我的狗狗跳不了那麼高

┃ 參照步驟4單膝跪地，降低高度。

狗狗跳到我背上後停住了

┃ 這真是個不錯的動作！狗狗能這麼做，就練習這個動作吧！下次再訓練從背上跳圈。

• 小提醒！

用誠實、公平與堅持，鼓勵狗狗信任你。

1 讓狗狗從較大的圈跳過。

2 用手臂環抱圈，手臂離狗狗近點。

3 把圈平移到胃部位置，
回頭看狗狗。

4 逐步抬起一條腿，單膝著地，
同時雙臂分開抓住圈的兩側。

5 把圈從頭上套過去，移動
到胃部。雙腳分開站立。

雙手分開，扶
住圈的兩側。

向下彎身，直到
圈豎直向上。

不聽話的狗——從圈下爬過

訓練內容：

在這個喜劇表演中，在令人印象深刻的開場白之後，你命令狗狗跳過火圈，狗狗卻從圈下爬過去了。

1. 把圈固定在狗狗跳不到的高度。狗狗試圖跳過去時，小心引導狗狗從圈下走過去。

2. 站在圈的一側，讓狗狗站在另一側。抬起腳尖，讓狗狗看到你在腳下面放了食物。命令狗趴下（→P.14），然後從圈下匍匐前進（→P.142）。狗狗靠近你時，抬起腳尖讓狗狗吃到食物。你要全程重複使用趴下與匍匐前進的口令。

3. 逐步降低圈的高度，並加上口令，繼續練習。

4. 在表演時，利用觸碰目標（→P.143），讓狗狗回到原位。重複從圈下爬過幾次後，告訴狗狗：可愛的法國波特犬來看表演了，並給狗狗發出微小的「跳圈」信號，讓狗狗從圈中間跳過去。

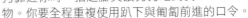

口令
穿火圈
手勢

預期效果：

你的表演技能是攸關這個動作能否成功完成的關鍵。觀眾被你的表演技巧誤導，期待狗狗跳火圈，但狗狗卻從你抬起的腳尖以及穿火圈的口令中獲得了暗示——從圈下爬了過去。

- **學前準備**

  匍匐前進（→P.142）
  觸碰目標（→P.143）

- **疑難解答**

  我的狗狗從圈裡跳過去了

  ┃ 發出命令前，把狗狗的注意力吸引到你腳下的食物上。

- **提升訓練！**

  在學習這個技能的基礎上，學習「裝笨」這技能（→P.62）。

「在馬戲團表演時，我很怕老虎。我知道老虎就在那兒，因為我能聞出他們的氣味。」

1 引誘狗狗從圈下走過。

2 讓狗狗看到你把食物放到腳下。

引導狗狗爬過來，直到牠構到你腳下的食物。

3 降低圈的高度。

4 利用觸碰目標這技能，讓狗狗回到原位。

使用一些表演技巧，就能讓觀眾
對狗狗不聽話的反應開懷大笑。

鑽過滾動的圈

訓練內容：

這是個消耗體力的有趣技能。讓狗狗追逐草地上滾動的圈，並伺機從圈中間鑽過。

1 把一個大圈在面前舉起來，讓狗狗跳過（→P.123）。

口令
鑽過

2 一面走一面舉起圈，讓狗狗習慣從運動狀態的圈中跳過。

3 一面往前走，一面把圈向前滾動出去一段距離。用激動的語氣跟狗狗說「鑽過」。狗狗可能會朝圈跑去，然後又跑回來。交替做兩個動作：拿著圈往前走、把圈滾出去。這是學習這一技能最難的地方。因此，一定要保持熱情。

4 下一步該訓練你了！用手握住圈的底部，把圈舉到自己鎖骨的位置，保持平衡，然後快而直地扔出，讓圈沿著你的手臂和手腕滾出去。

5 做好準備練習最後一步了嗎？多準備幾個圈。如果你不是左撇子，讓狗狗站在你的左側，右手扔出第一個圈。狗狗一鑽過去，馬上朝第一個圈順時針90度方向扔出第二個圈，讓狗狗正好能順著方向直奔第二個圈。這樣會降低狗狗鑽圈的難度。沿順時針方向一直扔圈，直到狗狗能沿順時針方向從所有扔出去的圈中間鑽過。

預期效果：

有強烈狩獵本能的狗狗會喜歡這一技能。追逐圈本身就是最大獎勵，所以無須再給予食物。學得快的狗狗不用幾週就能鑽過第一個圈。

「我從滾動的圈鑽過時都閉著眼。」

- **學前準備**
  跳呼啦圈（→P.123）

- **疑難解答**
  狗狗把圈撞倒了

  │ 讓狗狗從垂直於圈的角度跑過去。嘗試讓狗狗沿著圓周多鑽幾個圈，如步驟5中所述。

  狗狗對這種訓練活動感到恐懼

  │ 解決方法是利用狗狗的狩獵本能克服恐懼。狗狗的本能一旦被激發出來，便會與日俱增。

- **提升訓練！**
  狗狗掌握本技能後，訓練狗狗鑽過倒在地上的圈（→P.136）。

- **小提醒！**
  放掉灌了水的圈裡面的水，讓圈輕一點，這樣當狗狗卡在圈裡時，較容易掙脫。

1 讓狗狗從你面前的圈鑽過。

2 讓狗狗習慣從移動的圈鑽過。

3 一邊走，一邊把圈往前方滾動出去。

4 用手握住圈的底部，把圈放到鎖骨位置。

順著手腕把圈滾動出去。

5 沿順時針方向逐次把圈滾動出去。

鑽過倒在地上的圈

- **學前準備**

  跳呼啦圈（→P.123）

- **疑難解答**

  圈總是從狗狗身上滑落

  可以選擇草地訓練。地面跟圈間的摩擦力變大後，圈就不容易滑落了。

  狗狗把圈叼起，而不是從圈內鑽過

  你的狗狗有些迫不及待，把動作搞混了。如果狗狗叼住了圈，不獎勵牠，並繼續激勵狗狗鑽過去。

- **小提醒！**

  圈的大小各異，你可以從店裡購買灌溉用水管和連接器，自己動手製作。

「我害怕的東西：憤怒的貓咪、棉花球。一看到棉花球準沒好事。」

訓練內容：

狗狗設法從倒在地上的圈鑽過去。狗狗可以自創適合自己的方法。

1. 首先，讓狗狗跳幾個呼啦圈熱熱身（→P.123）。把圈斜著豎在地上，讓狗狗低下頭才能鑽過去。

口令
鑽過

2. 然後，把圈再往下傾斜，但不要平放在地上。把圈的前緣抬起一些，給狗狗看一看，表明這是牠要鑽過的角度，然後用「鑽過」的口令指導狗狗鑽過。希望狗狗能用鼻子拱起上翹的圈，推著圈鑽過去。狗狗把鼻子拱進圈，整個身體從圈內鑽過後再獎勵。

3. 狗狗會逐漸明白哪一種方法更適合自己：挑起圈的前緣或後緣，或者用嘴挑起圈來鑽進去。最後，用完全平放到地上的圈練習，這對狗狗來說也不會太難。

預期效果：

這個技能可能比你預想的好學，而且欣賞起來讓人印象深刻。每天練習，狗狗不用幾週就能掌握。

1 把呼啦圈位置放低，讓狗狗跳幾次熱熱身。

把圈豎在地上，並朝狗的方向傾斜一些。

2 把圈再往下放並把圈的一邊抬高一些。

3 狗狗會嘗試用不同的方法。你看，查爾茜抬起了圈的一邊，

把圈豎了起來，

把腦袋探過去，

成功鑽過圈了！

跳過裹紙圈

• **學前準備**

跳呼啦圈（→P.123）

• **疑難解答**

可以用報紙代替薄紙嗎？

報紙比薄紙厚得多，狗狗往裡鑽時會更猶豫。如果你真的用報紙，中間撕個縫，讓狗狗有個好的開始。

如何把紙固定到繡花圈上？

把繡花圈的兩環分開，把紙裹在一個環上，再套上另一環。

• **小提醒！**

每節訓練課的目的，是比上一節更進步一點。

「有時候，我就是想破壞東西！」

訓練內容：

狗狗撞破裹紙的圈，一躍而過，讓人印象深刻。

1 使用布藝店賣的24吋（61公分）左右的繡花圈，這樣裹紙會比較方便。先練習幾次跳呼啦圈（→P.123）。繡花圈比呼啦圈小且硬，因此，位置要盡量靠近地面。

口令
跳或撞碎

2 在圈的上部裹上幾張薄紙，並在中間撕開幾條縫，讓圈看起來不像個實心板。讓狗狗穿過去，培養狗狗的信心。

3 用一整張紙裹住圈，中間撕個大洞。用食物引誘狗狗穿過。注意：讓狗狗走過去要比跳過去容易。狗狗撞破紙時，激動地表揚狗狗。如果還有紙掛在圈上的話，就讓狗狗多跳幾次。

4 在圈上裹上一張新紙。這一次，紙上只扎一個小洞。最後，紙上只劃一條縫。

5 狗狗很快就願意自己把紙撞破。這個階段有時候快到讓你意外。最後用兩張紙完全裹住圈，邊緣裹緊，拉平紙面。

預期效果：

這一技能會極大地培養狗狗的信心。開始時，狗狗會有些猶疑，但兩週內，狗狗就會迅速鑽過裹紙的圈了。

1 在布藝店買個繡花圈。

2 把薄紙裹在圈上緣，引誘狗狗穿過。

3 用紙裹住繡花圈，但中間要留一個大洞。

4 　逐漸變為一個小洞，

最後僅留一條縫隙。

5 用兩張紙完全裹住繡花圈，邊緣裹緊，拉平紙面。

第九章

障礙穿越技能

　　生活中到處都是障礙，狗狗越早學會如何躲避或越過障礙越好。本章中的障礙穿越技能需要狗狗的邏輯思維能力，對狗狗的體力與腦力都有一定的挑戰。剛開始時，狗狗甚至可能會非常害怕某些障礙。這時，贏得牠對你的信任是成功的關鍵。訓練時要有耐心、友好，多些鼓勵，不要強迫。狗狗起初會猶豫，但一旦成功鑽過隧道後，牠將會變得信心滿滿！

　　狗狗往往比人更熱中穿越障礙物，同時也更具野性。對狗狗的安全要格外注意。定期體檢，經常察看狗狗的腳、耳朵和皮毛。檢查障礙物是否有釘子、刺，或者其他可能卡住狗狗的東西。

　　最好在較軟的場地訓練，確保障礙表面的摩擦力夠大。跳躍時，狗狗應垂直落地，身體大致水平，不能蜷縮著。難度要慢慢加大，因為一次挫敗的經歷就會影響到已掌握的動作。最後可以幾個障礙整合起來，讓狗狗一次完成全部挑戰！

鑽隧道

訓練內容：

狗狗穿過筆直或彎曲的隧道。隧道是敏捷運動中幾種常見的障礙之一。

1 讓狗狗在熟悉的區域鑽過一個短而直的隧道。讓狗狗站在隧道一頭，你站在另一頭，用眼神誘導狗狗走向你。當狗狗想從隧道外繞過來時，讓一位朋友領著牠，引導牠進入隧道。在出口用食物獎勵狗狗。

口令
隧道

2 狗狗順利完成後，跟牠一起站在隧道入口，發出「隧道」的口令，命令狗狗進入隧道。跑著進入隧道，較有助於完成這項技能。當狗狗在隧道裡跑的時候，你要在外面跑，鼓勵牠，讓牠聽到你在哪裡。狗狗在另一邊探出頭並停頓下來，你就要在隧道旁小跑一小段路，讓狗狗迅速跑出隧道。

3 弄彎隧道。狗狗在隧道內可能會做U型返轉，然後從入口出來。密切關注狗狗，直到你確定牠完成任務。

預期效果：

大部分狗狗都喜歡鑽隧道。習慣了以後，狗狗一有機會就會鑽！自信的狗狗第一天就能穿過隧道，但害羞的狗狗則需要較長的時間。

- **疑難解答**

能把食物放進隧道嗎？

目標是讓狗狗快速穿過隧道。如果裡面放著食物，狗狗會養成中途停留的壞習慣。

我的狗狗害怕進入隧道

不要讓狗狗表面上的恐懼改變你的行為。面對問題，讓狗狗穿過隧道。這樣牠才有可能變得越來越有自信！

- **小提醒！**

你太高了！蹲下來，與狗狗高度一致，這樣才能更好地溝通。

1 在隧道的另一頭引誘狗狗。

2 在入口處命令狗狗進入隧道。

3 跑著進入隧道有助於狗狗鑽過彎曲的隧道。

匍匐前進

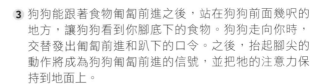

訓練內容：

狗狗肚皮貼著地，匍匐前進。

① 狗狗更喜歡在草地或地毯上爬行。讓狗狗在你面前趴下（→P.14）。跪在狗狗前面大約18吋（46公分）的位置，讓狗狗看到你手裡藏著的食物。

② 把食物慢慢往遠離狗的方向移動，同時拖著長音告訴狗狗「匍匐前進」。為了拿到食物，狗狗會用前爪向前爬行一兩步。如果狗狗仍然能夠保持趴下姿勢的話，就用食物獎勵牠。

③ 狗狗能跟著食物匍匐前進之後，站在狗狗前面幾呎的地方，讓狗狗看到你腳底下的食物。狗狗走向你時，交替發出匍匐前進和趴下的口令。之後，抬起腳尖的動作將成為狗狗匍匐前進的信號，並把牠的注意力保持到地面上。

口令
匍匐前進
手勢

- **學前準備**
  趴下（→P.14）

- **疑難解答**
  我的狗狗經常站起來
  ▎你把食物移動得太快了。

  我的狗狗趴著不動
  ▎狗狗可能以為移動會受到責備。因此，要表現出你的活力和熱情。

  狗狗還沒完全趴下就已經開始匍匐前進了！
  ▎狗狗已經知道這個口令，所以要命令狗狗「停止爬行」，中止牠再這麼做。

- **提升訓練！**
  用這個技能，表演不聽話的狗（→P.132）。

預期效果：

很多狗狗在第一次訓練中就能學會匍匐前進，但過渡到使用口令和腳的信號，通常還需要幾週時間。

① 讓狗狗趴下，看到你手裡的食物。

② 狗狗匍匐向前時，把食物往後移動。

③ 把食物放到腳下，以保持狗狗對地面的注意力。

觸碰目標

訓練內容：

狗狗會觸碰認定為目標的物品。這個技能在技能訓練、寵物運動以及拍電影中都有廣泛的用途。

1　選一個空曠的場地，並在離你6到10呎（1.8至3公尺）遠的位置設置一個目標物。目標物可以是圓錐狀的路障或其他獨特的東西，只要狗狗不會把牠放進嘴裡就行。把食物放在目標物上，讓狗狗看到。跟狗狗說「餅乾」，或者牠能理解為「食物」的單詞，吸引狗狗的注意力。

口令
目標

2　回到狗狗所在位置。接著一面指著目標物，一面跟狗狗說「目標」。讓狗狗跑向目標物，吃掉上面的食物。

3　成功幾次後，不再在目標物上放食物，再次發出「目標」的口令。狗狗觸碰到目標物時，馬上表揚並拿手裡的食物獎勵牠。

預期效果：

每天重複練習十次，狗狗一週內就能穿過房間找到你設定的目標物！

1　把食物放在目標物上。

2　放開狗狗去吃食物。

3　讓狗狗跑向目標物，狗狗觸碰時獎勵。

• 疑難解答

狗狗應該用鼻子還是爪子來觸碰目標物？

> 訓練時都可以。但是，當你的目標物越來越小時，狗狗會發現用爪子觸碰更容易，於是牠自己也會逐漸過渡到用爪子觸碰。

• 提升訓練！

在電影裡，利用這個技能可以使狗狗停留在某個標記的位置。用一張紙做為目標物，並逐步減小紙張大小，直到用便條紙做為目標物。

• 小提醒！

用雙重命令訓練狗狗。比如，「目標——坐下」指的是跑到目標物旁邊坐下。

「我在公園為其他狗狗上技能課程。我向牠們展示如何表演拿手好戲。」

從上面跳過／從下面鑽過

訓練內容：

狗狗從任一物體的上面跳過或下面鑽過。

口令
上（Over）
下（Under）

1 首先設置一個跳杆或者跟狗狗背部同高的障礙物。狗狗已經學會了跳杆（→P.106），因此牠會以為還是做這個動作，所以我們要從訓練「從下面鑽過」開始。讓狗狗站在跳杆的一側，把食物舉到離地面很近的位置，引誘狗狗從下面鑽過來。在這一過程裡，反覆使用口令「下，下」。

2 觀察狗狗的肢體語言，為防止狗狗從杆上跳過，用手擋住牠或者抓著牠的頸圈。

3 把杆的高度降低，讓狗狗必須彎身或者爬行才能從下面過去。狗狗從上面跳過時，小心地繞過障礙物送牠回原位，而不是讓牠再從上面跳回去。

4 現在嘗試用其他物體來訓練，比如你伸出去的腿。

5 交替使用「下」和「上」口令，鞏固狗狗對其差異的認識。

預期效果：

狗狗在等你發指令時，會一直浮想聯翩。由於心情過於急迫，所以狗狗可能不會認真聽，因此，讓牠全神貫注、持續正確完成這個技能可能需要一個月的時間。

- **學前準備**
  跳杆（→P.106）

- **疑難解答**
  狗狗要參加敏捷性比賽，我可以不教這個動作嗎？

  狗狗都很聰明，很容易把行為和具體環境結合。另外，你可以用跳杆之外的其他設施訓練這個技能。

  狗狗從杆下爬過時碰倒了杆

  有些狗狗會要花招。換重一點的物體，比如桌子或椅子，應該會奏效。

- **提升訓練！**
  到「地獄模式」的時間了！狗狗掌握了從障礙物下面鑽過的技能後，看看牠究竟能鑽過多矮的物體！

- **小提醒！**
  考慮到狗狗的本能，訓練中以從下面鑽過的動作為主。

1 設置一個跳杆，橫杆高度和狗狗背部相當。引導狗狗從杆下鑽過。

2 擋住上部，不讓狗狗從杆上跳過。

3 降低橫杆的高度。

4 嘗試用其他物體訓練，比如你伸出去的腿。

走蹺蹺板

• **疑難解答**

我的狗狗害怕走蹺蹺板

先易後難。可以先把木板平放在地上，讓狗狗在上面走過。然後，在木板下面的中間位置放一枝鉛筆或者一塊磚，讓木板兩端微微起伏即可。

• **提升訓練！**

嘗試敏捷度訓練的其他障礙，比如鑽隧道（→P.141）和繞杆（→P.148）。

• **小提醒！**

從罐裝乳酪製品中擠出一段做獎勵食物，這個比較不易從蹺蹺板上滑落。

「我的耳朵向後翻時，主人說我像是戴上了派對帽。」

訓練內容：

在敏捷性運動中，蹺蹺板是一個在受力不均衡時兩端交替上下的障礙物。狗狗要走過整個木板，到中間點要保持平衡。

1. 沿著木板放幾塊食物，讓狗狗看到。

2. 讓朋友扶住木板翹起的一端，防止木板突然移動。拉住狗狗的項圈，慢慢引導狗狗從著地的一端朝第一塊食物走去。

口令
走蹺蹺板

3. 隨著狗狗不斷向前移動，牠的體重能在某一位置使木板保持平衡。在這個位置放一塊食物，以放慢狗狗的速度。到達支點時，讓你的朋友穩穩扶著木板緩慢向下移動。抓緊狗狗的頸圈引領牠向前走。不想讓狗狗從木板上跳下來的話，在狗狗害怕的時候要把牠從木板上抱起來。多多表揚，並鼓勵狗狗越過這個新的移動障礙，千萬不要強迫狗狗，那樣會加重牠已有的恐懼。

4. 一旦狗狗對走蹺蹺板有了信心，朋友可以讓木板更自然地起落，但要在落地前扶住木板，以防出現「碰」的著地聲。

5. 讓你的狗嘗試自己走蹺蹺板，你在旁邊同行，不要碰牠。狗狗走到另一端後，獎勵牠。

6. 在敏捷度運動中，出於安全考慮，狗狗不應跑得太快，以免在木板觸地前狗狗飛出去。使用「等等」口令或者「觸碰目標」（→P.143）口令，讓狗狗停在另一端。

預期效果：

大部分狗狗第一次走蹺蹺板都有點膽怯，但表揚和獎勵能讓牠們快速戰勝恐懼！不要硬來，明天又是新的一天，狗狗可能會對蹺蹺板有不同的感受。

1 沿著木板放幾塊食物。

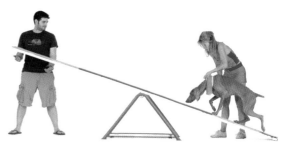

2 拉著狗狗的項圈，引導牠走向第一塊食物。

3 狗狗走到支點時，要控制好狗狗和木板。

4 在另一端觸地前扶住木板。

5 讓狗狗自己走蹺蹺板，你在一旁和牠一起向前走。狗狗走到另一端後獎勵牠。

6 訓練狗狗走到蹺蹺板另一端盡頭時觸碰目標物。

繞杆

- **疑難解答**

我的狗狗從杆中間跳了出來

> 避開杆的狗狗往往都很急躁。不要獎勵，重新從第一根杆開始。在狗狗右側跟牠一起走會很有幫助。

我的狗狗漏掉了第一根杆

> 為了不分散狗狗注意力，狗狗走進來後，你要一直待在第一根杆後。

我的狗狗漏掉了最後一根杆！

> 「漏掉最後一杆」的現象通常發生在狗狗看到你表示結束的肢體暗示時。這個暗示通常是在你確定下一個障礙後，用一個略大的跨步或扭頭動作當作提示。假裝前方有數不盡的杆要繞，並集中注意力在這些杆上，直到狗狗從所有杆之間穿過。

- **提升訓練！**

訓狗師站在杆的右邊，但狗狗卻從左邊進入。這是越位迂迴繞杆。

- **小提醒！**

自信地開始每一節訓練課。「今天我們要完成它！」

訓練內容：

做為敏捷性運動中的一種障礙訓練，繞杆要求狗狗在數根直杆中間繞進繞出。第一根杆通常在狗狗的左肩側通過，第二根杆則在牠的右肩側，以此類推。

1. 剛開始訓練時讓狗狗繞兩根杆（塑膠PVC杆可以插進草地）。讓狗狗站在你左邊，發出口令，引導牠到兩杆之間，然後獎勵牠。

口令
繞杆

2. 站在跟杆平行的位置，並讓狗狗站在你的左側，引導狗狗從兩杆之間穿過，再向前邁一步，讓狗狗穿過第二根杆，並獎勵牠。

3. 讓狗狗從很多杆之間繞進繞出；用食物引誘狗狗，或拉著項圈、牽引帶，或者用手引導牠穿過。

4. 讓狗狗站在你身後幾呎處，第一根杆的右側。向前走，用手做「推」（遠離）、「拉」（接近）手勢，讓牠完成繞進繞出動作。

預期效果：

牧羊犬通常學得很快，幾個月內就可以自己繞杆了。其他品種的狗一般需要6個月到1年的時間。

1 引導狗狗走過兩杆之間，準備從第二根杆左側繞過。

2 引導狗狗走到杆的左邊，繞過第二根杆時獎勵。

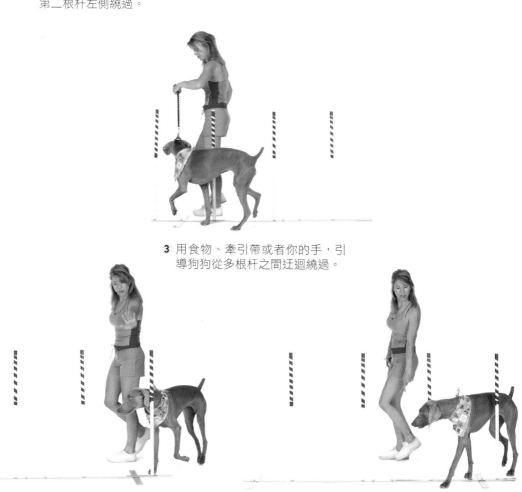

3 用食物、牽引帶或者你的手，引導狗狗從多根杆之間迂迴繞過。

4 跟狗狗一起走，透過「推」和「拉」的手勢，讓狗狗從杆中間繞過。

爬梯子

- **疑難解答**

  狗狗上去後怎麼下來？

  不管狗狗的運動能力如何，你都應該把狗狗抱回地面，而不是讓牠自己跳下來，因為扭傷或者纏繞到橫杆中會給狗狗造成傷害。

  應該用什麼樣的梯子？

  標準6呎（1.8公尺）漆匠用的梯子適合大多數狗狗。

- **提升訓練！**

  叫狗狗取物（→P.22），讓牠從梯子最高處取物。

- **小提醒！**

  視線不要離開狗狗，一次只上一階。

訓練內容：

狗狗交替用前腿和後腿一階一階地爬上梯子。

口令
爬

1　找一把結實的梯子，用防滑面把橫杆包上。用食物引誘狗狗把前爪放在較低的一個橫杆上。不要觸碰或者限制狗狗，因為牠會希望自己有一條退路。把食物舉高，鼓勵狗狗把前爪放到更高的橫杆上。

2　繼續引誘狗狗把頭抬高，用你的另一隻手誘導狗狗把後爪放在第一根橫杆上。

3　現在，狗狗處在一個可能會發生危險的位置。幫助狗狗把身體穩住。把食物舉得再高點，讓牠自己放前爪。每個步驟只練習5分鐘，中間讓狗狗休息。

4　狗狗適應了爬梯子後，把食物放在梯子頂部，鼓勵牠快速登高！

預期效果：

爬梯子不僅需要協調能力與力量，還需要自信。失足的經歷會讓狗狗感到恐懼而退縮。
因此要慢慢來。

訓練步驟：

1 引誘狗狗把前爪放在橫杆上。

2 繼續引誘狗狗向上，同時把牠的後爪抬起來。

3 把食物舉高時護住牠的身體。

4 把食物放在梯子最頂端做為獎勵。

專業級別

滾桶

• **疑難解答**

在哪裡能找到這樣的桶？

馬飼料店販售有55加侖的塑膠大桶。表面包上防滑層，比如橡膠墊。一定要用膠水和強力膠布沿著縫隙、邊緣以及圓桶周圍，把墊子固定到位。

• **小提醒！**

用不斷變化的食物數量、種類以及間隔時間，激發狗狗的動力。有時是一塊金魚脆餅，有時是一大把食物，有時什麼也沒有。

訓練內容：

練習滾桶的形式各式各樣：前爪滾桶、後爪滾桶或者四爪滾桶，以及向前滾桶與向後滾桶。

用前爪滾桶：

口令
滾

1. 讓狗狗站在你旁邊，跟狗狗站在同一側，讓桶保持不動，用食物引誘狗狗抬起上身。狗狗把前爪放到桶上時獎勵。

2. 你站到桶的另一側，狗狗的對面，重複1步驟。

3. 開始滾動圓桶。草坪能防止圓桶滾得過快，同時確保狗狗能軟著陸，因此是最適合練習的場所。把你的腿前伸，放在桶上。狗狗把前爪放在桶上後，用食物引誘牠腦袋向前。透過收腿，使桶向你這邊滾動。如果狗狗向後移動爪子，表揚並獎勵牠。

4. 狗狗有進步後，不時地用你的腳滾動圓桶。滾動一點，引導牠向前，直到牠自己滾桶。在這一點上，狗狗必須理解一個較難的概念——前爪向前推時，後爪要向前走！

5. 狗狗停止滾桶的話，用你的腳輕拍狗狗的爪子，鼓勵狗狗把前爪向後移動。然後，表揚並獎勵狗狗。

訓練步驟：

1 引導狗狗把前爪放上去。

2 站在滾筒另一側練習。

3 透過收腿，使桶向你這邊滾動，

引導狗狗把頭向前伸，

完成後獎勵。

（待續）

滾桶（續）

- 疑難解答
  我們狗狗從桶上跳過去了
  | 用身體擋住桶的另一側。

- 小提醒！
  這個動作訓練的是身體意識——對
  任何狗狗都很重要。

站在桶上滾：

① 你和狗狗分別站在桶的兩側，用你的腳抵住桶，並引導
狗狗跳上去。狗狗跳上去時準備好扶住牠。讓狗狗從你
手中吃食物，但你的手要保持穩定，因為狗狗可能會扶
你的手來保持平衡。嘗試讓狗狗盡量在桶上待的時間長
一些。

② 用腳把桶滾出去6吋（15公分）左右。準備好用手或者
身體擋住狗狗，防止牠跳下來。桶滾動時只要狗狗向前
邁步，就表揚並獎勵牠。

③ 來回滾動圓桶，直到狗狗能站在上面自己滾動桶！

預期效果：

這不是狗狗花一個週末就能學會的技巧。學會用前爪滾動
圓桶需要20節訓練課，而跳上去找到平衡則需要幾個月的
時間。有些品種的狗狗完成得比較好，但腿長和頭較大的
狗狗需要更長的時間。

1 用腳固定住圓桶，並引導狗狗跳上去。

狗狗跳上後，讓狗狗咬一口食物。

2 用腳將圓桶往前滾，同時準備好阻止狗狗跳下來。

3 透過訓練，狗狗學會了滾桶！

第十章

跳舞技巧

　　活潑好動的主人總會擁有活潑好動的狗狗。如果你發現狗狗發福了，那麼是時候鍛鍊鍛鍊了——你們倆一起來！

　　能夠組合成不同舞步的自由步運動，讓本章中的技巧廣受歡迎。跟著精心設計的音樂，你跟狗狗同步完成旋轉、踢腿以及其他舞步。這是與狗狗建立團隊合作的好方法，並且發展基於相互依賴的親密關係。

　　眼神交流是同步表演的關鍵。嘴裡含點乳酪，需要時可以吐出做為獎勵，以鼓勵狗狗保持注意力。

　　不要低估表演的重要性。加上一點音樂，就能把一系列單調的動作變成一場生動的表演！

前後隨行

訓練內容：

狗狗在你左側跟著你走。進行服從訓練時，你一停下，狗狗就跟著坐下。比賽中的跳自由步，要求狗狗的腳跟要靈活，也更關注眼神的交流和步法。

跟著走：

① 輕拉牽引帶，讓狗狗來到你的左側。先說出「跟著走」的口令，再邁出左腳，這一步會成為狗狗跟你走的信號。一定要在邁步之前發出口令。

② 定期對狗狗的努力給予獎勵。一定要在狗狗完成正確動作時獎勵——狗狗的肩膀與你的左腿看齊。

③ 準備停下腳步時，放慢步伐。左腳停步，右腳往前與左腳並齊。向上拉牽引帶，跟狗狗說坐下（→P.13）。

口令
跟著走
向後走
手勢

向後走：

① 換一條短一點的牽引帶，把狗狗拉到你的左側。一面發出「向後走」的口令，一面用右腳輕拍牠的胸部。狗狗即使只後退一步也要獎勵。獎勵時，食物不要離狗狗太遠，以免狗狗又向前邁步。沿著牆練習能讓狗狗直線後退。

預期效果：

在服從訓練中，在使用牽引帶的情況下，大多數狗狗能在八個星期內，在被拉著的情況下很好地完成這個動作。跟著走，簡直是一種藝術形式，總是能顯得很優雅！

- **學前準備**
  坐下（→P.13）

- **疑難解答**
  我的狗狗跟不上
  | 拍自己的腿，並興奮地鼓勵狗狗，或者突然慢跑起來。

  我的狗狗老是向前拉著我走
  | 猛拉牽引帶，隨後放鬆，這會讓狗狗迅速回到原位。表揚狗狗「後退得好」。

- **提升訓練！**
  繼續練習，直到鬆開牽引帶後狗狗也能自己跟著走！

- **小提醒！**
  狗狗懂得越多，學起來越容易！

跟著走：

① 發出「跟著走」的口令，同時邁出左腳。

③ 停步時說出「坐下」口令。

向後走：

① 用你的右腳向後輕拍狗狗。

退著走

訓練內容：

狗狗沿直線倒退，逐漸遠離你。

1 站在狗狗面前，把食物攢在手裡，舉到狗狗鼻子前。一面往前走，一面輕按狗狗的鼻子，並發出「後退」的口令。狗狗退幾步後，表揚並獎勵食物。如果狗狗往一側扭動，用你的腳給狗狗指引方向，或者設計一條只能前後走的小道。

口令
後退
手勢

2 狗狗熟悉之後，慢慢去掉輕按狗狗鼻子的動作。改成一面向狗狗走，一面抬起膝蓋輕觸狗狗的胸部。做出讓狗狗後退的手勢。

3 訓練一段時間後，逐漸開始使用原地踏步的方式，但同時仍抬起膝蓋給狗狗施加向後退的壓力。狗狗後退著走了以後，走上前給狗狗獎勵，或者把食物扔給牠，不要叫狗狗再走過來吃食物。

預期效果：

一週後，狗狗在食物的引誘下就能退著走。再過幾週，即使你站著不動，狗狗自己也能往後退著走。

- 疑難解答

我的狗狗總低著頭

你可能把食物拿得太低了。不要比狗狗的鼻子還低。

我的狗狗坐下了

食物舉得太高會導致狗狗抬頭並坐下。用膝蓋觸碰狗狗讓牠向後退。

- 小提醒！

手勢比口令更有效。注意你的手勢。

1 用食物按壓狗狗的鼻子。

2 一面向前走，一面抬起膝蓋觸碰狗狗的胸部。

3 小步向前走，甚至原地踏步，但仍繼續抬起膝蓋。

轉圈

• 疑難解答

我的狗狗轉半圈就停了

手伸得太向前或者太早，會導致旋轉提前終止。開始時，手離自己肚子近點，先移動到身體一側，然後再向前伸出去。

我的狗狗只會朝一個方向旋轉，不會向反方向旋轉

分析你自己的動作，確定你的旋轉方向跟狗狗相反。

我的狗狗旋轉完圈後，馬上從反方向轉回來

發出第一次旋轉手勢後，一定要把手收回來。如果手還在身前交叉，狗狗會誤以為你讓牠再轉一圈。

• 提升訓練！

訓練向後轉——狗狗在你身後跟著走（→P.158）時，一面跟狗狗說「向右旋轉」，一面自己向左轉身180度。然後朝反方向繼續跟著走。

「我喜歡去寵物店，因為我能在貨架上找到很多喜歡的東西。」

訓練內容：

狗狗向左或向右轉圈。

向左旋轉：

1 首先讓狗狗站在你面前。右手拿著食物，在身體右側沿逆時針畫圈。一面畫圈，一面慢慢引誘狗狗，並且跟牠說「向左旋轉」。狗狗完成旋轉後，給牠食物。

2 狗狗有進步時，逐步弱化手勢為轉動手腕。

3 增加點活力——如果你模仿狗狗的動作，那狗狗會加倍興奮。狗狗旋轉時，把你的右腳伸到左腳前，以腳趾為中心旋轉，直到你自己轉完一圈（你假想狗狗也同時自己完成旋轉動作）。

口令
向左旋轉 （逆時針方向） 向右旋轉 （順時針方向）
手勢

預期效果：

每天練習10次，狗狗一週內就能輕鬆跟著你的手勢完成動作。一個月內，狗狗就能按照指令完成旋轉動作。

訓練步驟：

向左旋轉：

1 右手藏著食物。

手拿著食物在身體右側逆時針畫圈，讓狗狗跟著旋轉。

旋轉完成後，給狗狗食物。

3 跟狗狗一起旋轉，增加活力。

鞠躬答謝

訓練內容：

狗狗後腿直立，前腿肘部著地，鞠躬答謝。

1 讓狗狗站在你面前。手裡攢著食物，舉到狗狗鼻子前。

2 用手輕觸狗狗鼻子並向下按，同時發出「鞠躬」的口令。

3 狗狗前腿肘部一著地，給狗狗食物獎勵，並把手收回來。

口令
鞠躬或屈膝
手勢

預期效果：

每天反覆練習6～10次。記住，在狗狗意猶未盡時結束。1～2週後，當你用食物輕輕按壓狗狗鼻子時，狗狗就能輕鬆地鞠躬行禮了。逐步減弱你觸碰狗狗鼻子的力度，不久，牠就能自己鞠躬。謝謝！非常感謝！

「我只做屈膝禮，因為我是女士。」

• **疑難解答**

我的狗狗沒有鞠躬，而是坐下了

食物舉得太高了。從鼻子的高度開始，朝狗狗後腳的方向按壓鼻子。

我的狗狗趴下了

早點給狗狗食物。你可能需要在狗狗前腿肘部觸地前給狗狗食物。如果這還不行，把腳伸到狗狗的肚子下面。

• **提升訓練！**

狗狗掌握了鞠躬答謝後，利用類似的動作學習禱告（→P.40）。

• **小提醒！**

給你的狗狗做個耳部按摩，裡面、外面都要按摩。汪！

1 把食物舉到狗狗鼻子處。　　　　　　　　**2** 向下按壓狗狗鼻子。

3 狗狗的前腿肘部著地後，馬上把食物給狗狗。

繞到左側坐下

訓練內容：

狗狗繞到你後面，最後在你左側坐下。這個動作可以做為跟著走的起點，也可以做為服從測試的結束。

1. 右手拿著牽引帶，站在狗狗面前。

2. 發出「左側」口令，同時右腳往後退一步，拉著狗狗從你身體右後繞到左側。整個過程，左腳要保持不動。

3. 換左手拿牽引帶，同時右腳收回，把狗狗拉到身體左側。

4. 向上拉牽引帶，命令狗狗坐下（→P.13）。狗狗完成後，表揚並獎勵狗狗。

口令
左側
手勢

預期效果：

狗狗在服從訓練中表演這個動作會給人留下深刻印象。最後，雙腳都保持不動，鬆開牽引帶，給狗狗指令，狗狗就能從你身後繞過，在你左側坐下。

- **學前準備**

坐下（→P.13）

- **疑難解答**

我的狗狗走起來慢吞吞的

狗狗從你身後走過時，向前再邁一二步，並告訴狗狗「快點」！

我覺得是我拉著狗狗完成這個動作的

你要創造條件，讓狗狗自己完成動作。起初，要你拉著牠走，但牠的肌肉記憶會逐步發揮作用。

- **小提醒！**

大概需要重複練習100次，狗狗才能學會這個新動作。保持耐心！

2　右手拿著牽引帶，右腳向後退一步。

3　把牽引帶換到左手上。

右腳收回，同時把狗拉到你身體左側。

4　一面向上拉牽引帶，一面命令狗狗坐下。

靠邊（在我左側旋轉）

• **疑難解答**

我的狗狗坐在我前面或後面很遠的位置

> 你會驚訝於你身體的位置對狗狗的動作能產生多大的影響。左肩位置的輕微調整，就能讓狗狗向前或向後。

我的狗狗坐下後總是偒著腰

> 狗狗坐下後，敲打牠腰部左側，讓牠挺直腰板。

• **小提醒！**

> 協調、前後一致是成功的關鍵。讓狗狗先單獨練習動作。

訓練內容：

狗狗站在你面前，以前爪為軸心轉個小圈，最後坐在你左側。

1 站在狗狗面前，左手握著牽引帶。

2 跟狗狗說「靠邊」，同時左腳向後邁，把狗向你左側牽引，要與你身體拉開點距離。整個過程，你的右腳保持不動。

口令
靠邊
手勢

3 讓狗狗順時針轉，腦袋轉到你左腳先前所在的位置。

4 左腳收回，讓狗狗在你一側坐下。狗狗坐下後獎勵牠。

預期效果：

透過練習，即使你站著不動，沒有繫牽引帶的狗狗也能在你左側先旋轉後坐下。精力充沛的狗狗會嘗試蹦著到達指定位置。

2 左腳向後邁一步，同時牽著狗向你的左側走，並讓狗狗稍微離開你的身體。

3 讓狗狗順時針旋轉。

4 左腿向前邁，同右腿看齊。

讓狗狗坐下。

繞腿步

- **疑難解答**

  我的狗狗抗拒從我腿間走過

  | 從騎馬動作開始,加強狗狗對這個動作的適應性。

  我跟狗狗在動作的協調上有點問題

  | 把食物換成牽引帶,牽引著狗狗。右腳向前,右手把狗狗拉到你腿間。

  我的狗狗太興奮,不能順利執行指令

  | 這在一開始很常見。每次集中訓練一個來回繞腿動作,每次都獎勵。

  我的狗狗個頭太大

  | 除非你想摔跟斗,否則,這個動作真不適合體型太大的狗。

- **提升訓練!**

  狗狗掌握了繞腿步後,學習類似的動作,如8字步(→P.170)。

- **小提醒!**

  要從右腳開始練習,因為先邁出左腳是讓狗狗「跟著走」的信號。

「週末我要做的事太多了!」

訓練內容:

走路時,狗狗從你腿間來回穿過。這個技能需要良好的動作協調能力。

1. 首先,讓狗狗在你左側坐下或站著。兩隻手裡都拿幾塊小食物。

2. 右腳往前邁一大步。一面發出口令,一面把右手放到腿間。狗狗鑽到你腿間時,從右手拿食物獎勵狗狗。

3. 左腳向前一步。一面發出口令,一面把左手放到腿間。狗狗的鼻子碰到你的左手時,再次用食物獎勵。

4. 重複以上步驟。

口令
繞腿
手勢

預期效果:

每節課練習5分鐘,每天1到2節。兩週後,狗狗就能根據你的手勢順利地執行指令,你可以成功繞腿幾次後再給食物。繼續練習,直到不需要用手給食物引導為止。

1 讓狗狗站在你的左側。

2 右腳邁出，右手放到腿間。

引導狗狗從你腿間鑽過。

3 邁出左腳，左手放到腿間。

引導狗狗鑽過。

讓狗狗腦袋向前。

4 重複以上步驟。

8字步

• **學前準備**

繞腿步（→P.168）

• **疑難解答**

狗狗怎麼從我腿間穿過？

> 因為8字步是從繞腿步變化而來，所以狗狗總是先從你左邊穿過你腿間，從前到後，再繞右腿轉圈。狗狗總是從前往後穿過你的腿間。

• **提升訓練！**

先讓狗狗做幾次8字步，然後等狗狗圍著你右腿轉圈後，合攏雙腿，用手給狗狗指令，讓狗狗做轉圈（→P.160）動作。這將是多麼美妙的舞步！

• **小提醒！**

8字步是很不錯的常規伸展與熱身動作，有助於防止訓練前受傷。

「我家有一隻叫JoJo的貓咪。你在角落轉圈時牠會襲擊你，所以你得提防牠。」

訓練內容：

雙腿分開站立時，狗狗從你腿間做8字步繞腿動作。

1. 練習繞腿步（→P.168）熱身。

2. 接著繼續練習繞腿步，但邁步邁得寬些，往前邁的幅度小些。繼續使用「繞腿」的口令。

口令
穿過
手勢

3. 雙腿分開，在原地雙腿交替抬起。抬起一隻腳，對狗狗說「繞腿」。假想用牽引帶拉，並引導狗狗從前往後穿過你的腿。

4. 狗狗從你腿間穿過時，雙腳保持不動，向兩側做弓箭步。狗狗穿過你腿間準備繞你右腿時，把右腿彎曲做弓箭步，右手引導地穿過你腿間並繞右腿。現在該換用你的「穿過」口令了。獎勵食物前，讓狗狗一次做幾個8字步動作。狗狗一完成動作就給食物，不要等到狗狗停止後再給。

預期效果：

扎實掌握了繞腿步後，狗狗可以在短短幾天內就學會走8字步。隨著訓練的繼續，你甚至不用弓箭步，不用再伸手引導。只要把手放到腰間，狗狗就知道怎麼做了。

1 練習繞腿步。

2 向前邁步要小，左右跨度要大。

3 開腳站立，兩隻腳原地交替抬起。

4 雙腳定住，引導狗狗從前往後鑽過你腿間。

雙手放腰間站好，狗狗在你腿間做8字步動作。

太空步

訓練內容：

做這個動作時，狗狗趴在地上向後退。

1 狗狗面對著你趴在地上（→P.14）。站在狗狗面前，一面用膝蓋推狗狗，一面給狗狗「後退」的口令，類似你教狗狗退著走（→P.159）的方式。狗狗可能會起身，此時用手按住牠的肩膀，讓牠趴著不動。狗狗向後退著走時，獎勵牠。

口令
趴下，後退
手勢

2 身體站直一些，減少你膝蓋的動作。繼續扶著狗狗肩膀。狗狗想起身時按住牠。

3 站好後發出口令與手勢。狗狗起身時，發出「趴下」與「後退」口令。交替重複使用這些指令。

預期效果：

擅長退著走的狗狗數週內就能學會這一可愛的舞蹈動作。狗狗總是想起身，因此要時刻注意狗狗的姿態變化。

• **學前準備**
趴下（→P.14）
退著走（→P.159）

• **疑難解答**
我的狗狗不往後走

> 第一次教太空步時，不要使用「趴下」口令，只按著狗狗的肩膀不讓牠起來就好。因為叫牠「趴下」會讓狗狗誤認為你不想讓牠移動。

• **小提醒！**
狗狗吃藥時，一匙花生醬能有助於送服藥片。

1 一面用手按住狗狗的肩膀，一面用膝蓋迫使狗狗向後退。

2 減少膝蓋的動作，同時繼續按著牠的肩膀。

3 原地站好不動，給狗狗發出指令。

雀躍

訓練內容：

狗狗喜極而跳時，筆直躍起，然後落到原地。把全部的熱情都投入到這個動作中，跟狗狗一起跳！

1 狗狗想玩時，把玩具或食物舉到空中，逗牠。跟狗狗一起跳，以鼓勵牠！不管狗狗跳多高，都要獎勵。

2 狗狗學會跟你一塊起跳後，你的跳躍動作的幅度變小一點，改成下蹲再站起，但要使用相同的口令與手勢。

3 最後，只要收到指令，狗狗便會歡欣雀躍。注意：雖然此時你不需要再做動作，但你的熱情仍然很關鍵。

口令	
跳	
手勢	

預期效果：

有些狗狗，如梗類犬、澳洲牧羊犬、惠比特犬等天生彈跳能力就好，而其他品種的狗狗則需要更多的鼓勵。

1 鼓勵跳起來搶玩具。

2 降低你跳起的高度。　　3 狗狗在收到指令後雀躍。

- 疑難解答
  我的狗狗懶得跳

  做為訓狗師，你的職責是要為狗狗提供指導與激勵。讓你的雙腿充滿活力，跟狗狗一起跳，用最快樂的語調讓狗狗興奮起來。

- 提升訓練！

  這是學習跳繩（→P.116）的第一步。

- 小提醒！

  在草地或有彈性的地面練習。理想的跳躍應該是筆直而流暢。

合作直踢腿

「有時候，我跳舞時戴著閃亮的護腕。不過，不想戴時，我會脫掉它們。」

- **學前準備**
  騎馬（→P.50）
  握手（→P.20）

- **疑難解答**

  狗狗從我腿間穿出來，不再讓我「騎馬」了

  狗狗可能想看你的臉。因此，你要把頭低下，讓他看到你。如果狗狗還往前走，用手擋住牠，提醒牠說「騎馬」。

  我的狗狗只是站在那裡，爪子不動

  有時候，需要重複幾次才能讓狗狗動起來。嘗試幾次「握手、伸爪、握手、伸爪」。舉起一隻爪時，狗狗的重心會落到另外一隻爪，因此鼓勵狗狗兩隻爪子交替舉起。

- **小提醒！**
  放一首最愛的歌曲，跟狗狗一起起舞。

訓練內容：

狗狗站在你腿間，前腿跟著你做高踢腿的動作。

1. 從騎馬（→P.50）開始。跟狗狗說「握手（→P.20）」，同時伸出左手。狗狗看到食物，鼻子就會湊上去，因此手裡不要拿食物，把食物放到腰間食物袋。伸出右手，發出「伸爪」口令，練習右手。

口令
握手，伸爪

手勢

2. 連續踢腿，強化動作。最終，手放腰間彈兩根手指會成為讓狗狗踢腿的指令，而不是用踢腿做指令。

3. 變化姿勢：讓狗狗站在你面前或者一側，繼續練習本動作。

預期效果：

這一花俏的動作廣受歡迎，任何狗狗都能學會。幾週內，狗狗在收到指令後就能舉起爪子，但要與你協調一致則需要更長時間。踢腿會分散觀眾的注意力，讓他們注意不到你的微妙手勢指令。

1　從騎馬的動作開始。

把左手伸向狗狗，並跟牠說「握手」。

把右手伸向狗狗，並跟牠說「伸爪」。

3　變化姿勢：可以讓狗狗站在你面前練習本動作，

或者讓狗狗站在你的側面練習。

動物智力一直是個有爭議的話題。但談到狗，養狗的人都説牠們的聰慧會讓你驚訝。與人類一樣，狗的頭腦也是越用越靈。狗狗的理解、邏輯與推理能力用得越多，牠們掌握新概念的速度就越快。

　　本章中的技能訓練有兩個共同點：第一，要求狗狗具備較高的思維能力。第二，成功與否取決於主人與狗之間能否有效溝通。在本章的技能訓練中，狗狗並非僅僅按要求去做某個動作，而是在基於充分溝通的基礎上去做。狗狗也不再是簡單地去找回一樣物品，而是需要根據味道、按照手勢或口令去找回一件與眾不同的物品。

　　這些複雜的概念會讓狗的腦力面臨挑戰。因此，對狗狗的表揚要十倍於消極回應。要知道，消極回應容易讓狗狗氣餒，甚至失望。即使狗狗已經理解了這些概念，偶爾還是會犯錯。比如，狗狗可能挑不出味道不同的東西，或者故意跑著追碰碰車去了。不要責怪，就當狗狗沒有犯錯吧！畢竟，學習是一輩子的事，不能一蹴而就，而本章的這些技能訓練將有助於狗狗一生都保持敏捷的思維！

數數兒

- **學前準備**
  應聲回答（→P.28）

- **疑難解答**

  怎樣的叫聲算數？

  > 聲音應該清楚可數。給狗狗口令時，聲音要清脆。叫得不好不要獎勵。

  我的狗狗叫個不停

  > 愛叫的狗狗需要你在牠叫出下一聲前一秒移開目光，以便及時阻止牠。

- **提升訓練！**

  將本動作加以變化，讓狗狗透過用爪子敲打地面回答算術題。

- **小提醒！**

  溝通是雙向的。努力去了解狗狗的肢體語言。

訓練內容：

學會這一經典的拿手好戲後，狗狗可以透過叫聲給出算術題答案。狗狗的超能力可信度取決於你給狗狗信號的微妙程度。狗狗收到口令後開始叫，直到你給出新的指令。當然前提是你自己得會算術題！

口令
叫，停

手勢

① 首先，狗狗要學會連叫。給狗狗指令讓牠叫（→P.28），狗狗叫兩聲後再給指令。狗狗叫時，跟牠保持眼神交流。狗狗叫第二聲時，獎勵牠。

② 下一步，狗狗要學會理解停止叫聲的指令。指令就是你巧妙地移開目光。狗狗叫第二聲時，低下頭，移開目光，並說「停」。狗狗收聲後馬上獎勵。

③ 增加狗狗叫的次數，並逐步減少依賴手勢。做一次讓狗狗吠叫的手勢，讓狗狗持續叫，直到你低下頭移開目光，牠才停止。

④ 剩下的就靠你了。你還可以提問除法算數題，或者讓狗狗叫一聲或兩聲，一聲代表Yes，兩聲代表No。狗狗還能說出自己的年齡（當然，如果觀眾有足夠的耐心，還可以讓狗狗說出你的年紀）。

預期效果：

狗狗很善於察言觀色。注意動作與指令的一致性。給觀眾表演時，需要注意狗狗在陌生環境容易猶豫而不願意叫的情況。

1 做出讓狗狗叫的手勢，並在叫第二聲後獎勵牠。　　**2** 放下手，低下頭，低垂目光，並對狗狗說「停」。

狗狗停止叫聲後獎勵。　　**4** 給狗狗出算術題目，讓狗狗透過叫聲給出答案。

記物名

● 學前準備
有幫助的動作：取物（→P.22）

● 疑難解答
我的狗狗太激動，抓住最先看到的物品不放

> 讓狗狗待著不動10秒，好讓牠把名字記在心裡。多重複唸幾次物品的名字，並讓狗狗從遠處辨認。

● 提升訓練！
來自德國的博德牧羊犬Rico能記住200多個物品名字！

● 小提醒！
經常跟狗狗說不同物品的名字。狗狗能記住數百個名字。

「碰碰球、棒球、籃球、食物球、棍子、號角、粉紅色環、飛盤、啞鈴、骨頭、吱吱棒……我有許多玩具！」

訓練內容：

狗狗透過記物名辨認物體。在地上散放幾件不同的物品，讓狗狗根據名字把對應的物品找出來。

口令
尋找 （物體名稱）

1. 選一件狗狗已熟悉了名字的有趣物品，比如碰碰球或棒球。然後跟其他兩件狗狗不感興趣的物品放在一起，比如小錘子或者梳子。

2. 指著這些物品，跟狗狗說「尋找（碰碰球）」。狗狗抓住對的物品後獎勵牠。使用取物的口令（→P.22），鼓勵狗狗拿給你。用食物獎勵狗狗，而不是給牠玩具，否則，狗狗恐怕只會從物品堆裡挑玩具了。

3. 再加一件狗狗知道名字的玩具。交替說出狗狗已知名字的玩具名字，讓狗狗辨認。狗狗選錯時，不要責備，但也不要接受，繼續跟狗狗說「尋找……」。

預期效果：

這個有趣的遊戲確實能讓狗狗的腦袋轉起來。換不同地點，用不同的玩具練習。狗狗學習的方式跟我們一樣，那就是重複學習，因此，堅持訓練非常重要！

2 指導狗狗根據名字找東西。把狗狗熟悉的一件東西放到狗狗不感興趣的兩件東西中間。

狗狗拿到正確的東西時獎勵牠。

3 再加一件狗狗熟悉的物品。讓狗狗交替識別兩件熟悉的物品。

找回指定物

- **學前準備**
  取物（→P.22）

- **疑難解答**
  我的狗狗總是取回指定物左邊的物品

  > 有一些狗狗為了避開你的手，會導致頭向左偏。下次指示目標物時，手要伸超過狗狗的項圈。

- **提升訓練！**
  做好職業訓練的準備了嗎？讓狗狗長距離盲搜。方向偏離時，吹口哨讓狗狗坐下並看向你。抬起左或右手臂，給狗狗指出一個新的路線。

- **小提醒！**
  每天至少訓練你的狗狗20分鐘。

訓練內容：

用手勢指示某個方向，引導狗狗找回指定的東西。這個訓練屬於實用級服從測試。訓練時可以使用三雙白手套或其他物品。

1. 準備三個盤子。以自己為圓心，在距離你約15呎（4.6公尺）的位置（半圓圓周上）放三個盤子。其中一個盤子放上食物。讓狗狗站在你左邊，用腳尖對著放著食物的盤子。給狗狗指出方向——膝蓋微彎，手掌打開，讓狗從你身後筆直朝向食物的方向跑去，並告訴牠「目標」。不要跟狗狗進行眼神交流，因為你想讓狗狗看的是盤子而不是你。

口令
目標
取來
手勢

   注意狗狗的頭。當狗狗朝正確的方向看時，放開牠說「取來」。這是一種自我修正的訓練方法，因為狗狗走對方向才能找到食物。狗狗弄錯了方向時，不要結束訓練，把狗狗叫回來做一次。狗狗連續兩次犯錯後，向食物的方向再移動幾步，再進行訓練。

2. 狗狗能讀懂你的手勢後，把盤子換成三個相同的東西，比如白手套。這次，要求狗狗取回指定的東西。記住腳趾要指向正確方向。在狗狗的目光落到正確的目標物上時，把狗狗放出去。

3. 成功完成一次後，最難的就是盲搜了，也就是，不給方向，讓狗狗找回草叢或灌木內的物品。

預期效果：

相比牧羊犬和小型犬，獵犬通常更容易掌握方向。這個技能訓練的是狗狗朝著指定方向直線前進的能力。狗狗掌握這個技能之後用處很多。

「這是我最最喜歡的玩具了。我到哪裡都要帶著它。」

訓練步驟：

1　伸手給狗狗指示一個目標物。

找到盤子上的食物後獎勵狗狗。

2　把盤子換成別的東西。

讓狗狗根據手勢指示方向去取回。

跳指定跳欄

訓練內容：

「跳指定跳欄」屬於實用水平服從測試之一。在狗狗面前設立兩根欄杆，讓牠根據你的手勢跳過指定的欄杆。

❶ 讓狗狗在兩個並排的其中一根欄杆前蹲下不動（→P.16）。你站在該欄杆的另一側，讓狗狗跳過欄杆（→P.106）。用另一根欄杆重複此訓練。

口令	
跳過	
手勢	

❷ 增加難度。讓狗狗還站在其中一根欄杆前面，而你站在兩根欄杆中間。舉起靠近打算讓狗狗跳過的欄杆的那側手臂，給狗狗手勢。最初，你可能要揮揮手臂或者手裡拿個食物袋或玩具，以便讓狗狗保持對正確方向的注意力。

❸ 慢慢移動，直到你和狗都位於兩根欄杆的中間位置，面對面站好。使用口令與手勢指出指定的欄杆。

預期效果：

這個動作看起來雖然不難，但訓練過程中還是會有很多問題。這是一種訓練狗狗注意力的不錯練習。

學前準備
不動（→P.16）
跳杆（→P.106）

疑難解答
我的狗狗繞過欄杆而不是跳過欄杆

在這種情況下要阻止狗狗，並把牠帶回起點。站得離指定欄杆近一點，直到狗狗成功跳過去。

提升訓練！
狗狗和你站在同一側，訓練狗狗跳過欄杆去觸碰目標（→P.143），然後引導狗狗再跳回來。

小提醒！
苗條的狗狗更健康——不吃剩飯，堅持訓練。

❶ 讓狗狗在其中一根欄杆前蹲下。

❷ 你站在兩根欄杆中間。

❸ 最後，你和狗狗都位於兩根欄杆的中間位置。

取撲克牌

訓練內容：

狗狗從攤成扇形的撲克牌中取一張出來。讓狗狗成為你魔術表演中最大的亮點。

1 把單張撲克牌伸向狗狗，跟狗狗說叼住（→P.22）。把撲克牌穩穩拿在手裡。因為牌邊比較尖銳，不要傷到狗狗。

口令
叼來

2 拿三張撲克牌，攤成扇形，指導狗狗叼住一張。狗狗取出後獎勵牠。

3 添加第四張撲克牌時，將其從其他三張中伸出一點，讓狗狗更易叼住。狗狗有進步時，慢慢把第四張跟其他幾張放齊。如果狗狗一次抽出好幾張，輕聲跟狗說「放鬆」，誘導牠慢慢往外抽。抽出兩張時，說「哎呀」，不要獎勵，再試一次。

4 做好從整副撲克牌中取一張牌的準備了嗎？把撲克牌展成扇形，盡可能大地攤開，把其中幾張伸出來一點。

預期效果：

任何狗狗都能在一週內學會，但小狗學起來更容易。繼續訓練，強化技巧，直到狗狗表演得像個專家。回到家發現狗狗在你臥室玩撲克時不要吃驚呦！

2 三張撲克牌扇形攤開。

3 把一張撲克牌從其他幾張中伸出。

4 把整副牌攤開，把其中幾張伸出來。

- **學前準備**

  叼物（→P.22）

- **疑難解答**

  我的狗狗每次叼住的都是撲克牌的邊緣

  狗狗應牢牢叼住撲克牌，以免掉到地上。狗狗用嘴抽撲克牌時攥得緊一些，這樣狗狗必須更用力叼才能將其抽出。

- **提升訓練！**

  藉助梯形牌——這種牌一頭比另一頭窄，能讓你的狗狗成為魔術師。從中抽出一張牌，然後將其上下顛倒再放回。因為這張牌寬度和其他不同，所以很容易將其找出。

拒絕食物

訓練內容：

學會了這個技能後，當你再把食物伸到狗狗面前時，狗狗會把頭扭到一邊，拒絕你的食物。表演這一技能時可以增加點幽默感，跟狗狗說「我的狗狗只吃乾淨的熱狗」，或者問狗狗：「你覺得我的手藝怎麼樣？」

口令
呸

1. 面對狗狗，把食物伸向狗狗。

2. 狗狗表現出興趣時，以反感的語調跟狗狗說「呸」，一面把手收回來，或者輕敲狗狗的鼻子。

3. 重複這一過程，直到狗狗把頭扭開，視線離開你的手。密切注視狗狗扭頭的一刻，並說「真棒」！向狗狗說出解除口令「OK」，並給牠食物。

4. 逐步延長狗狗把頭扭向一邊的時間。狗狗掌握後，利用解除口令讓狗狗知道現在可以拿你手上的食物了。

「矛盾是啥意思？」

預期效果：

大部分狗狗幾週就能學會這一動作。聰明的狗狗很容易就欺騙你，所以訓練標準要嚴格一點，你可以將手在地面前從左向右移動，要求狗變化頭的位置，持續拒絕食物。

1 把食物伸向狗狗。

2 狗狗表現出興趣時，把手收回來。

3 密切關注狗狗目光移開的瞬間。

4 使用解除口令，讓狗狗知道現在可以取食物了。

找出有我氣味的東西

訓練內容：

在實用服從競賽中，狗狗要從十二個相同的物品中挑出有你味道的那一個。皮質或金屬啞鈴是常用的道具，但木釘、金屬蓋或者乾淨銀器也可以用。

1　訓練中使用的道具不能有你的味道，這很關鍵。在不使用道具的時候，把牠們拿到室外吹幾天，並用夾具固定好。道具上面標上不同的數字，方便自己記住哪個有你的味道。

口令
找我的東西

2　先準備一塊帶孔的板或墊子，在上面繫上兩個相同的道具。再取一個相同的道具，在你手掌上摩擦10秒鐘，讓上面帶有你的味道，同時再加上一些你常用來做為獎勵的食物。下一步，把有味道的道具放到沒味道的兩個道具中間。指導狗狗找出有味道的道具（→P.22）。訓練時要溫柔。讓狗狗自己找出有味道的道具，避免說出類似「不」之類的話。狗狗叼住正確的道具後，馬上表揚並給予食物獎勵。

3　在墊子上再繫幾個沒有味道的道具。如果狗狗遇到困難，鼓勵牠繼續分辨。把食物的味道去掉，讓道具上只保留你的味道。

4　解開所有繫著的道具。狗狗挑錯道具時，不要理牠，那麼狗狗就會明白錯了。狗狗叼回道具不對時，不要接受，鼓勵牠繼續尋找。

預期效果：

辨別味道是最難訓練的技能之一，同時，狗狗在學習時對批評特別敏感。如果狗狗覺得因為選錯而被訓斥的話，牠會質疑自己的理解能力，並可能會逃避訓練。

「我不喜歡的事物：火蟻、排隊以及鳳梨。」

1 道具上不要有你的味道，並在道具上做好數字標記。

2 墊子上繫上兩個道具。透過摩擦讓第三個道具帶上你的味道，然後放到那兩個道具中間。

這樣，狗狗就拿不走沒有味道的道具。

狗狗挑對道具時，表揚牠。

3 在墊子上再繫幾個沒有味道的道具。

4 解開全部道具。

狗狗挑錯道具時不要接受。

鼓勵狗狗，不久牠就能準確地挑對道具。

搜查違禁品

- **學前準備**
  尋找彩蛋（→P.96）

- **疑難解答**

  用什麼樣的茶比較合適？
  | 許多狗狗對薄荷很痴迷！

  狗狗能從口袋裡找到茶包嗎？
  | 是的，但這難度更大，因為茶
  包的味道會被局限在口袋裡。
  但是，茶包放在口袋裡的時間
  越長，味道越容易被識別。

- **提升訓練！**
  現在狗狗已經熟悉了尋找氣
  味，再讓牠找出有我氣味的東
  西（→P.188）。

- **小提醒！**
  狗狗只有明白你對牠的預期，才
  能自信而愉快地完成表演。

訓練內容：

讓狗狗像偵緝犬一樣，掌握靠鼻子搜查違禁品的技能。需要三名志願者，其中一名拿一個茶包。狗狗搜查帶有茶包氣味的「違禁品」，並指出攜帶者。訓練狗狗透過坐下、臥倒或者用鼻子摩擦違禁品等方式，告訴你牠發現了「違禁品」。

1. 在狗狗學會尋找藏起來的食物（→P.96）後，過渡到尋找茶包。把茶包舉到狗狗鼻子前，並說出「聞聞」口令，讓狗狗明白這是要找的味道。

口令
聞聞
去找
手勢

2. 把茶包藏到一個顯眼的地方，並在茶包上放一塊食物。命令狗狗去找，然後獎勵。

3. 重複幾次後，用食物在茶包上摩擦幾下，然後單獨把茶包藏起來。狗狗尋找時，給狗狗鼓勵。必要時，可以給狗狗指引方向，跟牠一起跑著去找。狗狗可能會走到茶包附近，但不知道要做什麼。這時，在茶包上放一塊食物，狗狗找到茶包後表揚牠。這一轉變會讓狗狗有些許困惑，但透過學習牠會明白：讓牠找的是茶包不是食物。最後，把茶包藏起來，狗狗找到後，扔塊食物犒賞牠。

4. 下一步，嘗試把茶包放到某個坐在地板上的人的膝蓋上。

5. 現在，開始真正的訓練。三個人坐在椅子上，其中一個人身上藏著茶包。三人之間留有足夠縫隙，方便狗狗在每個人兩側搜尋。拿相同的茶包讓狗狗聞，並跟狗狗說「聞聞」。然後跟狗狗說「去找」。剛開始，要引導狗狗依次搜每個人，因為怕狗狗以為茶包在房間的某個地方。狗狗告訴你牠找到茶包後，表揚並獎勵。

預期效果：

除了智商與嗅覺，這個技能的掌握還需要紀律與勤奮。學習能力強的狗狗四週就能掌握。

訓練步驟：

1 把茶包舉到狗狗鼻子前，
跟狗狗説「聞聞」。

2 把食物放到茶包上面，
跟狗狗説「去找」。

3 把食物往茶包上摩擦，狗狗找到茶包時獎勵。

4 把茶包放到一個人的膝蓋上。

5 讓狗狗從幾個人身上搜查「違禁品」茶包。

跟蹤足跡

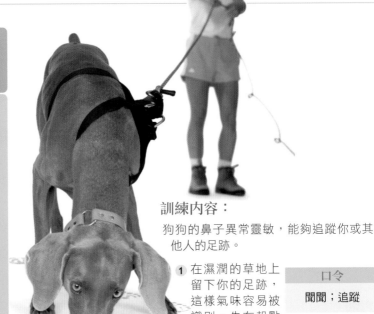

• 學前準備

趴下（→P.14）
有幫助的動作：尋找彩蛋（→P.96）

• 疑難解答

狗狗離我的腿很近，就是不往
前走

> 別說話，讓狗狗跟著自己的直
> 覺走。跟狗狗說得越多，牠越
> 會透過看你來獲取方向。

天氣冷時我裹得密不透風，留
下的味道夠嗎？

> 夠的，你的味道能透過衣服散
> 發出來。此外，狗狗還能透過
> 被你踩踏的草葉來識別。

• 提升訓練！

善於追蹤的狗狗還能在蜿蜒曲
折、地形多樣的道路上追蹤。

• 小提醒！

狗狗透過深呼吸，能把氣味傳到
嗅覺器官進行嗅探。

「追蹤人的足跡？我以
為我是在追蹤熱狗！」

訓練內容：

狗狗的鼻子異常靈敏，能夠追蹤你或其
他人的足跡。

口令
聞聞；追蹤

1 在濕潤的草地上
留下你的足跡，
這樣氣味容易被
識別。先在起點
處反覆踏步，留下你的「味道區」
，然後繼續沿直線向前踏步走50碼（46公尺）。
沿途每隔幾步放一塊散發氣味的食物，比如熱狗
塊，並用小的錐形體或小旗做標記。在小路盡頭
留下一樣有你味道的東西，比如襪子。襪子裡填點食物，以吸引
狗狗的興趣。

2 給狗狗套上頸圈，繫上一條12呎（3.7公尺）的牽引帶，將其帶
到小路前。跟狗狗說「追蹤」，讓牠先找到你留在路上的第一塊
食物。與服從訓練不同，跟蹤足跡時讓狗狗領著你走——告訴你
往哪裡走。慢慢向前走，允許狗狗向前拉拽。狗狗偏離路徑時不
要訓斥，但也不要讓牠拉著你走偏了。

3 訓練有素的警犬找到有氣味的物體時，會趴下告訴你目標。當狗
狗走到路的盡頭並用鼻子摩擦襪子時，告訴狗狗趴下（→P.14）
，並拿出裡面的食物獎勵牠。

4 現在，走一條有幾乎90度拐角的路徑。注意，你走過的路上會留
下你的味道，數天都消散不去，因此要變換訓練場地。當狗狗從
路徑的下風口追蹤時，可能會根據空氣中的味道來跟蹤，因此要
注意風向。當狗狗變得更獨立時，逐步換成20呎（6.1公尺）的
牽引繩，同時放食物的間隔更遠。過幾天等味道變弱後，再讓狗
追蹤，以增加難度。

預期效果：

狗狗有時會偏離路徑，有時候會循著風中夾雜的味道而走偏，這兩
者通常很難區分。但要相信，狗狗明白自己的任務，並確認你是教
練而非教師。狗狗喜歡循著味道找東西，通常幾週內就能搜尋到熱
狗。

訓練步驟：

1 設計一條46公尺長的筆直小道。
用圓錐體標記路線。

把食物裝進帶有你味道的襪
子裡，放到路的盡頭。

2 讓狗狗在起點處嗅嗅你
留下的「味道區」。

讓狗狗帶路，去尋找路上的食物。

3 狗狗找到襪子時，透過趴下告訴你牠找到了。

第十二章

「愛我，就要愛我的狗」

因為狗狗的愛，即便是鐵石心腸，也能被狗狗的眼神所融化。毛茸茸的狗狗為我們暖被窩、在我們懷裡安睡，甚至跟我們接吻。對此，服從訓練師以及動物行為主義者可能會嗤之以鼻。但是，規矩的制訂就是為了被打破，而且我們發誓，絕不會説出去的！

「愛我，就要愛我的狗。」這句被引用的拉丁格言，説的是聖伯納犬。幾個世紀以來，這句格言幾乎在全世界廣泛地被使用。

用本章介紹的親密技能慶祝你跟狗狗之間的深厚感情吧！本章這些令人印象深刻的技能會為狗狗贏得每個人的喜愛。

親親

訓練內容：

狗狗用舌頭或鼻子吻你或其他人的嘴或臉頰。

1 坐下，跟狗狗保持在同一高度。一面發出口令，並用牙咬住一塊食物，一面向前俯身。讓狗狗來取食物，並表揚狗狗說「親得好」。

口令
親親
手勢

2 如果你不想讓狗狗吻你的嘴唇（雖然我想不出什麼原因讓你拒絕這麼做），也可以在臉頰上抹點花生醬，並說「親親」，讓狗來舔。

3 把食物藏到背後，指著自己的嘴唇或臉頰，跟狗狗說「親親」。狗狗舔到或用鼻子吻到你後，馬上說「真棒」並獎勵。

4 現在嘗試找個人練習。讓這個人臉上抹上花生醬，指著向狗狗發出口令。狗狗舔到臉頰時，跟狗狗說「真棒」，並用食物獎勵牠。後退幾步，站在離狗狗更遠的位置，向狗狗發出親親的口令。狗狗完成後，讓牠回到你身邊並獎勵。

預期效果：

狗狗通常一週內就能學會，但有些害羞的狗狗需要更多的引導。

- **疑難解答**

  狗狗咬到了我的嘴唇

  > 在狗狗取食物時，跟狗狗說「放鬆」。狗狗如果咬你，拍打一下牠的鼻子，並說「哎呀」。

  狗狗害怕靠近我的臉頰

  > 接近你的嘴巴會讓狗狗有種屈服的感覺（這在狗的文化中被理解為會被咬）。完成這個動作需要信任。先嘗試把食物舉到離你嘴巴幾吋的位置，狗狗去搆時，慢慢把食物向你臉頰靠近。

- **小提醒！**

  弱勢的狗狗會舔強勢狗狗的嘴巴，以此來表示服從。

1 讓狗狗吃你齒間的食物。　　**2** 臉頰上抹點花生醬。　　**3** 指著嘴巴說「親親」。

爪子放到手臂上

訓練內容：

狗狗跳著歡迎客人時，教牠把爪子放到客人手臂上，表達對客人的熱情。

1. 跪在地上，讓狗狗站在你的左側。舉起左臂，右手拿著食物引導狗狗抬起頭。狗狗可能會把一隻或兩隻爪子放到你手臂上，以便於搆到食物。如果牠不這樣做，用手幫助狗狗完成。狗狗一旦把爪子放到你的手臂上，馬上讓狗狗吃到。

口令
舉起爪子

手勢

2. 站著練習並使用口令與手勢。
   在你還不準備給狗狗食物前，你可以把食物（熱狗或乳酪是不錯的選擇）含在嘴裡，這樣可以避免狗狗分心。

預期效果：

狗狗幾節課後就能學會這個技能。你的客人們肯定會因此感謝你。

• **疑難解答**

我的狗狗只把一隻爪子放了上來

> 剛開始，你可以用自己的手幫助狗狗把另一隻爪子放上來。

我的狗狗還是跳到人身上！

> 手勢是讓你的狗把爪子放到手臂上的提示。規則一定要清楚：沒有指令狗狗就這麼做，就要訓斥牠（假定這是你的規則）。

• **提升訓練！**

狗狗掌握之後，利用相似的動作學習禱告（→P.40）。

• **小提醒！**

讓手臂與身體成直角，讓狗狗從外側把爪子放上來，以避免狗狗把你推倒，或者自己肩膀伸得太長。

1. 引導狗狗把爪子放到你手臂上，讓狗狗咬到食物。

2. 站著重複練習這個動作。

頭著地

訓練內容：

狗狗趴下後，腦袋著地。這是電影裡經常見到的場景，「哇！狗狗看起來很傷心。」

1　狗狗趴到地上，而你在狗狗一側跪下。把食物放到地上狗狗搆不到的位置。給狗狗「頭著地」的指令，同時用另一隻手輕推狗狗的腦袋。注意要從狗狗耳朵後面推。

口令
頭著地
手勢

2　狗狗下巴落在兩爪之間後，讓狗狗保持這個姿勢幾秒鐘，然後表揚並把食物滑向狗狗。讓狗狗搆到食物，然後發出解除指令「OK」，讓牠咀嚼食物。如果狗狗抵制控制的話，狗狗下巴觸地後就獎勵牠，以免引起狗狗的反抗。

3　逐步減輕觸碰狗狗頭部的力度，將持續的推轉變為短暫的輕拍。一旦狗狗的頭著地，讓牠待著不動幾秒鐘，然後再獎勵。一定要把食物放到地上，引誘狗狗低頭去看食物。

預期效果：

在最後階段，你可以站在距離狗狗遠一些的地方，指著地面發出口令。溫順的狗要比支配欲強的狗學得更快。訓練要冷靜溫和，時刻注意狗狗的焦慮程度，以免讓狗狗感到不舒服。

- **疑難解答**
  我嘗試教這一動作時狗狗跑掉了

  武力操縱屬於災難性的錯誤。狗狗會認為你想把牠的頭按到地上控制或懲罰牠。慢慢來，訓練時溫柔一點，每節課就練習2次或3次。大力表揚狗狗。

- **提升訓練！**
  把指向地面的手指抬高，引導狗狗「抬起頭」。

- **小提醒！**
  年紀大的狗也想讓你感到自豪。讓牠們完成一個力所能及的動作，並大力表揚。

1　利用食物以及手的幫助，引導狗狗把頭落到地上。

2　把食物滑向狗狗，同時讓狗狗保持正確姿勢不動。

3　利用手勢，讓狗狗保持對地面的注意力。

遮臉

訓練內容：

狗狗害羞了，用爪子遮住自己的臉。

1. 在狗的嘴上貼一張紙條或膠帶，鼓勵狗狗觸摸，說：「遮住，拿掉！」輕輕碰一下臉，紙條就會脫落。狗狗一碰到自己的臉，就表揚狗狗，說「遮得不錯」。

2. 讓狗狗趴著，在狗狗的眉頭中間貼一張紙，在眼睛上面一點的位置就可以了。狗狗搆到這個位置有點困難，但最終會用手腕摸到。太好了！狗狗的爪子遮住臉部時獎勵牠。

3. 使用貼紙或者用手點擊剛才貼紙的位置，交替訓練。使用不動（→P.16）的口令，讓狗狗保持遮臉的姿勢幾秒鐘。

4. 讓狗狗坐下訓練。把紙條貼到狗狗鼻子邊上，狗狗抬起爪子觸碰時，從狗狗手臂下面獎勵狗狗。不用紙條訓練後，狗狗可能只揮舞爪子，不觸摸自己的臉。出現這一情況後，繼續用紙條訓練。最終，你要站著發出指令，鼓勵狗狗把頭抬高一點。嘗試讓狗狗在不同姿勢下練習這一動作：坐著、趴下或者躬身。

口令
遮住
手勢

- **疑難解答**

  我的狗狗搖頭，但就是不用爪子搆紙條

  用黏性更強的紙條，讓狗狗不能簡單地透過搖頭就把紙條抖落。用握手（→P.20）的指令提示狗狗用爪子。把紙條黏在不同部位：眼上、眼下或頭頂上。

  在狗狗鼻子上貼了紙條後牠一動也不動

  有些狗狗需要鼓勵才會攻擊某個物體，哪怕是落在自己鼻子上的臭蟲。碰一下紙條，或者讓狗狗意識到紙條的存在，並用你的聲音去激勵牠。

- **小提醒！**

  帶狗狗出去散步或辦事。這有助於狗狗社交技能的培養，而狗狗也會享受不斷變換的場景。

預期效果：

這一訓練方法再自然不過了，以至於狗狗都能立刻拿掉紙條。一個月，或者訓練200次後，狗狗就能掌握遮臉的動作。不過，不用紙條就能完成動作則需要更長的時間。

1 鼓勵狗狗用爪子拿掉貼在臉上的紙條。

2 讓狗狗趴下，用爪子遮住臉部。

3 用手敲打原先貼紙條的位置。

4 繼續使用紙條練習，但這次要讓狗狗坐著完成動作。

站起來，鼓勵狗狗把頭抬高一點。

嘗試讓狗狗俯身完成遮臉的動作。

揮手告別

- **學前準備**
  握手（→P.20）

- **疑難解答**
  我往後退時，狗狗跟著我移動，試圖跟我握手
  > 給狗狗指令時，站在離狗狗幾呎外的地方，伸出手臂。狗狗快碰到你的手時收回，讓狗狗撲個空。獎勵牠。

  我的狗狗站起來了
  > 把牠帶回原位坐下再訓練。狗狗坐著也能把爪子伸出很遠。

- **提升訓練！**
  坐在狗狗旁邊，跟狗狗一起揮手告別。

- **小提醒！**
  有時候，狗狗會做出意外的可愛動作。要利用這時機獎勵狗狗，並引導牠再做一次。

訓練內容：
狗狗揮手告別。

1. 讓狗狗坐下，站在牠面前跟牠握手（→P.20）。

2. 跟狗狗說「握手，拜拜」，把手伸向狗狗，但要高於握手的位置。狗狗的爪子舉不了那麼高，因此，牠舉起的爪子就會像是在空中揮舞。

3. 把手稍微往後收回一些，讓狗狗只能搆到你的手指。

4. 狗狗將要觸摸到你的手指時，把手收回，讓狗的爪子撲個空。這時一定要表揚，讓狗狗理解你就是想讓牠揮爪子，而不是握手。

口令
拜拜
手勢

預期效果：
握手掌握得比較好的話，狗狗幾節課下來就能成功完成揮手告別的動作。

1 讓狗狗跟你握手。

2 手伸得比握手時的位置高一些。

3 手拿遠一些，讓狗狗只能搆到你的手指。

4 狗狗快搆到你的手指時，把手收回。

過渡到使用手勢。

「拜拜！」

附錄A：按難度等級排列

作者簡介

　　五歲的威瑪獵犬查爾茜是全國最知名的狗狗。她跟她的主人兼訓狗師凱拉・桑德斯在劇場、馬戲團、學校表演過，而且還參加過職業比賽的中場演出。她們在《艾倫秀》（Ellen DeGeneres Show）、《今夜娛樂》（Entertainment tonight）、《最佳體育表演時間》（Best Damn Sport Show Period）、《今夜秀》（Tonight Show）等電視節目上的表演讓全國觀眾驚豔，查爾茜甚至在今夜秀的節目上被主持人傑・雷諾（Jay Leno）認為是世界上最聰明的狗。複雜的常規表演、滑稽動作以及查爾茜與凱拉的深厚感情，都是對動物愛好者的激勵。

　　除了表演外，凱拉還與查爾茜進行多年的服從、敏捷性、跳躍、追捕以及才藝訓練，在競技犬界達到了專家級水準。

　　凱拉的循序漸進訓狗法已讓成千上萬人受益，幫助他們從狗狗身上重新找到樂趣。凱拉使用的是積極訓練法，旨在加強默契、合作、獎勵以及狗狗的本能溝通方式。

　　現在，凱拉和她的丈夫藍迪・巴尼斯（Randy Banis），以及查爾茜，一起住在加利福尼亞莫哈維沙漠的農場。

攝影師簡介

　　尼克・薩林貝尼（Nick Saglimbeni）出生於馬里蘭州的巴爾的摩。1997年，為了到南加州大學電影藝術學院深造，尼克搬到了洛杉磯。尼克拍攝了眾多商業廣告、音樂短片以及微電影，並於2003年取得了美國攝影師協會頒發的傳承獎。當時，很多受挫的演員與模特兒找不到好的攝影師，在聽說了這些故事後，尼克在洛杉磯市中心成立了一家名為Slickforce Studio的頂級攝影工作室。工作室很快就贏得了國際社會的認可。尼克的作品登上了許多知名雜誌。如今，尼克繼續致力於電影與電視的攝影工作。尼克作品網址：www.slickforce.com

聲明

感謝海迪‧霍恩（Heidi Horn，凱拉的媽媽兼製作助理、協調員、寵物餵養員）、克萊爾‧多爾（Claire Dor，助理訓狗師、顧問兼寵物誘導師），尤其是參與拍攝的所有漂亮、聰慧而又努力的狗狗們：Dana（澳洲雜種狗），Kwest & Kwin（阿拉斯加雪橇犬），Sutton（拉布拉多犬），Gina（蘇格蘭牧羊犬），Skippy（帕森拉塞爾小獵犬），Cricket（吉娃娃）以及Chalcy（威瑪獵犬）。

悼念

本書交稿給出版社出版前夕，一場悲劇降臨到Dana（下圖最右）身上，她死於車禍現場。Dana參與了許多電影電視以及直播節目的演出，她的職業生涯值得尊敬。她非常聰明，心地善良。她必將被知道和喜愛她的人們所緬懷，尤其是她的主人克萊爾（Claire）。

下一步！

50個技巧！

本頁內容是對本書的總結，但並不是訓練的結束，而是萬里長征的第一步。現在你掌握了一些訓練技能、理念以及方法，你的冒險才剛剛開始！

讀完本書的訓狗技巧後，你可能已經注意到訓練技巧的共同性。那就是，發出口令，引導狗做出正確姿勢，提供獎勵，最後在狗意猶未盡時結束。準備訓練新的技巧、原創技巧以及適合你跟狗的獨特技巧時，利用學到的策略思考並設計訓練方法。

瀏覽左側的目次測試一下你在訓練上的創造性，思考一下如何訓練這些技巧。如何讓狗舔嘴唇（目次中的第17個技巧）？為什麼？當然，你會在鼻子上抹上花生醬。如何讓狗用嘴巴啣著生雞蛋（目次中的第38個技巧）?用纏著電線的棍子訓練，牠露出牙時可能會受傷。狗蹲下時如何搖擺爪子（第6個技巧）？讓你的狗趴下時搖晃爪子。慢慢把你的手移到一側，直到狗狗伸出的一隻爪子和另一隻爪子成交叉狀。如何學會唱歌（見第35個技巧）？狗一般什麼時候嚎叫？有喇叭聲或其他噪音時發出叫聲嗎？大部分狗會跟著口琴唱歌，但你要吹出正確的音符。我相信你知道應該如何訓練了。

狗的生命很短暫，跟狗愉快相處的日子轉瞬即逝。珍惜時光吧！

www.101dogtricks.com

與你的狗一起
體驗更多樂趣！